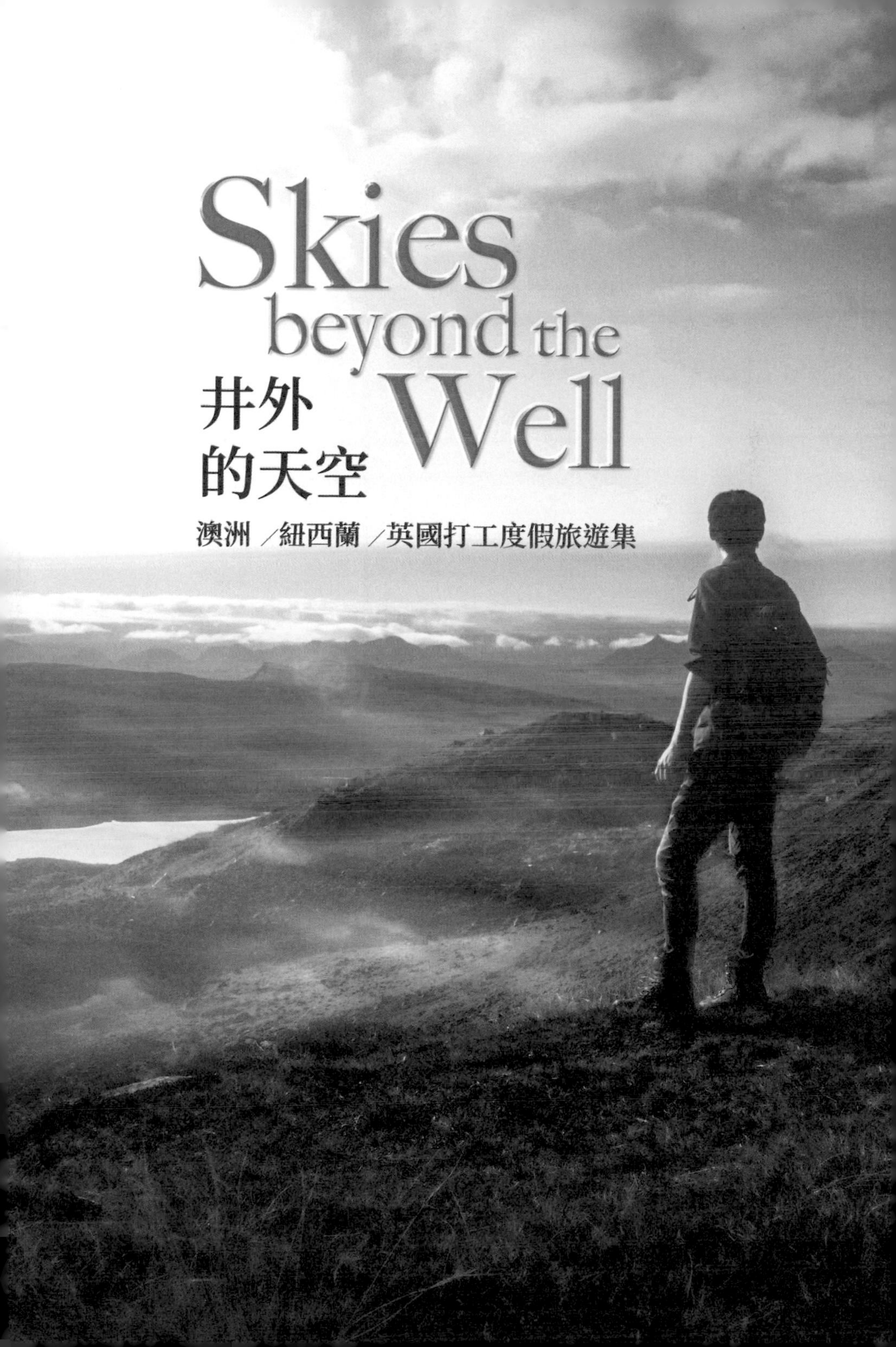
Skies beyond the Well
井外的天空
澳洲／紐西蘭／英國打工度假旅遊集

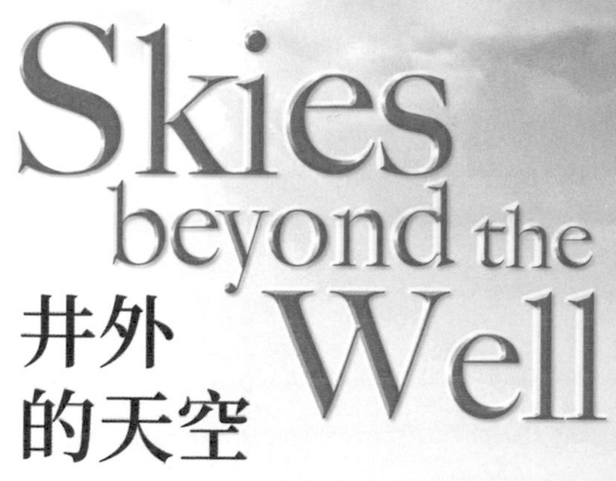

作者序

舒適圈裡的乏味生活

二十七歲前的我和一般的社會人士一樣，勤奮工作偶爾加班，假日就懶在家休息，每個月等待著那被台灣社會爭議許久的低廉薪資入帳，並將四分之三的薪水支付房租、水電費等……。休假時偶爾和朋友們見個面，聊聊天，順便抱怨自己的工作環境、老闆或同事們惱人的行為等等。回到家之後，父母開口就是試探我的感情狀況，問何時要交個女朋友？為何不快點成家立業？等問題。久而久之便有股厭煩的感覺湧上心頭，我逐漸覺得自己的生活就像是電影《楚門的世界》一般，凡事似乎都被框架給抑制住，難道人生就得照著社會所撰寫好的劇本去演戲，才能在片尾字幕上的「人生勝利組」留下芳名？為了擺脫那不允許我去「做自己」的乏味人生，我在二〇一七年自行上網申請了打工度假簽證，並且訂了一張單程機票，拎起了背包和行李箱出發到高雄小港機場。在機場揮手和家人道別後，展開了人生第一趟國外打工度假，逃離了那枯燥乏味的現實生活。

舒適圈外的真實生活

第一個打工度假的國家是澳洲，我在那物產豐饒的國家生活了兩年，期間發生了許多自己過去在台灣未曾遇過的趣事，結交一些澳洲當地新朋友，認識來自不同國籍的人。我們曾一起工作，一起旅遊，互相教學彼此的母語，分享在澳洲發生的趣事。為了能更深層的和他們交談，我努力不懈的上網學習英文；練習親手煮三餐來取代昂貴的外食；學習在離家幾千多公里外的異地照顧好自己。兩年過後回台灣，發現自己無形中成長了許多，以往從未被發掘的潛能逐一被開發，那段旅程裡教會我勇於冒險，勇於嘗試非自己專業的事，摸索自己的極限並勇於突破它，「旅遊」是非常棒的導師。

時間過得非常快，四年的旅程結束後，也逐步引領我踏入三十而立之年。曾有人問我回台灣之後要做什麼？我堅定的說：「我想出版一本書，和青年們分享過往的旅外經驗，鼓勵他們趁年輕踏出國外接觸新事物，親眼去看看不同於台灣的那片《井外的天空》」。

黃文哲

晃晃布萊恩（黃文哲）

「晃晃」取自姓氏「黃」的諧音，形容自己是一位喜歡四處探索、到處亂晃的人。「布萊恩」源自於學生時期的第一個英文名字「Brian」，加上常被朋友形容個性不像獅子座，而獅子的英文恰好為「Lion」，因而將「晃晃不 Lion」調整為【晃晃布萊恩】

Brian WJ Huang

huang02451

推薦序

一隻小蝸牛的蛻變旅程

五年前那個初秋的黃昏，在校園門口對面的小餐館，我和文哲彼此對座，簡單用餐並聽著他遠行的計畫，娓娓道來語調中有著一個既憧憬又不確定的心情在他的心中騷動著。我想著，文哲國中三年級來畫室的那一幕，看著他從高中接續大學與研究所三個學習階段，陪著他一路學習，非常清楚知道他是一個有夢想的年輕人，一個非常自律又謙恭的男孩。我非常的鼓勵他能夠把自己放出去，趁著年輕時候去看看外面的世界。

日子過去，將近五年的時間，從澳洲到英國，文哲著實的以無比的毅力支撐著在異地生活的適應，在艱難的環境中，在語言不太通順的條件中，他一面打工體會異地工作的酸甜甘美，一面學習融入環境與文化，試著開始以英文去和陌生人溝通，空閒之餘安排自己走向城市每一個角落，用相機去紀錄每一片山野荒原的美麗，漸漸的把自己所有的生活經驗與心情建構一個屬於他的 Youtube 平台（晃晃布萊恩）。我想這些年對於文哲而言並非只是一個打工遊學，而是屬於他個人生命在這個年紀中最為重要的自我挑戰與冒險，讓他透過一個人、一顆孤寂的省思生命的存在為何？發現自己是誰？在不斷移動與漂流的過程，在行囊不斷馱負開合間，豐富他的人生視野，也建構一個全然的世界觀，這是我都不曾有過的經驗與勇敢。

讓本書帶您一同旅行

青春是值得細細閱讀的書頁，年輕是一生最為黃金的時光，當歲月漸漸離去，每一個曾經有過的青春都終將老去。在我們回首之際幾回過往值得如此溫潤品嚐。《井外的天空》並非只是一本打工遊學的經驗分享，更確實的應該是讓讀者看到一顆年輕的心如何帶著夢想的行囊，遠驛到陌生國度的勇氣，在飛越幾萬里的孤寂裡沃養他的生命與成長。翻閱此書，除了編輯的細緻外，每一張照片記錄著他的歷程，值得讀者用心地走進他的心情世界裡。

藝術工作者

推薦序

一位謙遜木訥的大男孩

本書作者文哲是我的很器重的一位學生，早在二〇一〇年協助高雄市電影館舉辦台灣青年音像創作聯展創設青年金雄獎時，感謝文哲負責主視覺與文宣設計，他在圖文傳播設計能力上無庸置疑，也獲得主辦單位高雄市電影館高度肯定，因此這次的出書，我一點都不感到意外。最後一次在台灣見到文哲是二〇一三年他就讀嶺東科大時，碩士班的論文的畢業作品展出，很精彩的仔細描繪出台南的古蹟，包含了他對故鄉台南的人文與環境的關懷，也是那時候知道他有去國外打工的計畫。

文哲給人的感覺是謙遜木訥的鄰家大男孩，英文應該沒有很好吧？很佩服他有這個勇氣去國外打度假，離鄉背「井」跳出舒適圈這件事情對年輕人來說是很重要的一件事情，承受壓力獲得成長，才是打工度假最重要的精神，但我相信文哲一直都是喜歡挑戰自我的個性，才會在國外打工度假這麼多年。

去井外的世界走走看看

成語「井底之蛙」與「坐井觀天」指的是在井內的青蛙一直呱呱叫，不曉得外面的世界是多麼遼闊，雖然不見得生存的環境與條件比井內好，但是學會獨立這件事情是所有台灣父母親應該放手讓小孩去做的。讀萬卷書、行萬里路，是這本書《井外的天空》想要傳達給各位的，台灣的生活環境已經很好了，各位讀者可以趁著年輕參考這本書到國外看看，學習自律與獨立，強化語文多交一些朋友，看看外面的世界好與不好，回到台灣後讓我們一起努力的讓台灣變得更好。

放手讓孩子獨立學習

這本書我推薦給各位家長看，其實國外打工度假並沒有什麼可怕與危險，家長們可以放心讓小孩到國外看看為什麼外國的月亮比較圓，不用什麼事情都幫小孩做好好的，像老鷹一樣給小孩這本書然後把他推下懸崖，讓他們學習飛翔。這本書我也會推薦給所有不管大學還是研究所的畢業生看，畢業後不用急著馬上找工作，可以先去國外打工度假學習獨立，看看不同的風土民情，強化國際觀與語言能力，相信回到台灣後，對於求職也會有很大的幫助！

很榮幸受邀為這本書寫序。本人在此感謝本書作者黃文哲在二〇一〇年協助台灣青年音像創作聯展，創設青年金雄獎文宣設計，也誠心祝福這本有意義的圖文書之後能夠廣受歡迎，提供給台灣的家長與畢業生參考，未來在疫後時代來臨時，讓更多的家長放手讓更多的學子能夠跳脫舒適圈，學習突破自己的極限。

國立東華大學
藝術與設計學系主任

推薦序

細品書裡的每一片天空

認識文哲約早在研究所上課及擔任他的論文指導老師之時，猶記得當初修完課業之後，聽他說要去澳洲打工度假，沒想到四年後，他已蛻變為一位具獨立成熟又穩健的青年。

在他所著《井外的天空》一書中描述了他在澳洲、紐西蘭及英國打工度假的所見所聞，書的內容除了介紹申請打工度假的準備、規定及條件外，接著還有介紹許多令人驚豔的景點，例如澳洲布里斯本、南岸公園、坦姆沃斯、雪梨、坎培拉、墨爾本、大洋路、麥覺理港……等。紐西蘭自駕之旅例如基督城、蒂卡波湖、庫克山、羅伊峰、皇后鎮、蒂阿瑙、藍泉、懷奧塔普地熱世界，哈比人村等。最後是介紹英國的曼徹斯特、倫敦、約克、愛丁堡、蘇格蘭高地、峰區國家公園、湖區國家公園、史諾多尼雅等。這些精采的景點也收錄在他的 YouTube 頻道。

年輕人們，勇敢去冒險

要將過去四年的打工度假經歷完整的記錄下來，是件非常不容易的事，但文哲做到了！本書中的文字、照片編輯等，全由他自己一手包辦，相信閱讀過本書的您，一定會獲益良多。文哲不只是提供打工度假的訊息而已，其實最主要的還是表達出一般人對年輕人的傳統觀念及誤解，尤其是家人，這是一個挑戰自我局限的心理掙扎，但他也做到了。

為了讓年輕不要留白，最後套句他的節後語：「人生可以過得很平淡，也可以活得很精彩」鼓勵所有的年輕人，一定要把握時間，趁著時間允許的前提下，好好計畫一趟和文哲一樣精彩的打工度假之旅吧！

嶺東科技大學
視覺傳達設計學系教師

本書主旨

鼓勵青年們嘗試打工度假

在異國生活開始的第一天，我強烈的感受到每一天生活周遭充滿了未知以及挑戰，從下飛機進到澳洲國門的第一天起，生活模式像是被大洗牌一般，周遭的行人面孔不再是熟悉的亞洲臉孔，語言也不再是熟悉的中文，上餐館得用英文點餐；去銀行辦帳號時得用英文和行員對談，獨自一個人到了個陌生環境，不敢用英文來表達需求的話，將會使生活大不易。多次在溝通方面受挫後，使我下決心開始上網搜索免費的學習資源，從零開始加強自己的英文聽說。

也許是受英語環境影響的關係，在持之以恆一段時間後，我逐漸可以辨別出周圍行人們的談話內容，不像當初聽到的那樣含糊不清，上餐館不需要再用手機翻譯菜單，工作時也不需請同事翻譯主管交代給我的內容。我甚至不敢相信自己僅花不到半年的時間，就能在異地買下人生第一台二手汽車，駕著車探索東澳州的各個角落，找新工作，認識新朋友，在那段時間裡，我覺得自己的心境上寬廣了許多。

分享國外生活與見聞

說到澳洲，會令人聯想到雪梨，聊到英國會想到倫敦。在校園的教科書裡，制式的教育模式讓孩子們只學到各國首都的名字，其餘的二、三線城市鮮少被編列進教科書裡，因而忽略城市外圍那片絕美的風景。自從闖蕩過澳洲、紐西蘭及英國後，我才感受到「天外有天」的含義，感嘆自己像隻坐井觀天的井蛙，在年紀將近三十歲後才知曉世界的浩瀚。因此，讓這本書和您分享我從二〇一九到二〇二一年在紐澳、英國生活時親眼見過的風景，用足跡來告訴您澳洲不只有雪梨，還有墨爾本、布里斯本；英國除了倫敦之外，也還有曼徹斯特、愛丁堡等令人驚豔的城市。除此之外，非常鼓勵即將屆滿三十六歲前的青年們，如果您曾和我一樣，厭倦現階段的生活模式，不妨也規劃一段令人難忘的國外打工度假之旅，也許能幫助迷惘的您找到自己的目標。

打工度假是什麼

簡單的說，就是台灣與其他有簽署互惠協議的國家，在一個共識的效期之內，讓兩地的年輕人們可以獲得合法居留，以及工作的簽證機會。例如：英國的打工度假簽證在本書截稿前（二〇二二年），是可以在境內待滿兩年；澳洲則在二〇一九年的七月一日起自原本僅能延簽至兩年的政策，開放為符合條件者可以多延一年，共計三年。每個國家隨時都有政策或資格方面的變動，均以官方發布消息為主。

如何申請打工度假

目前台灣的青年們可以申請的國家共計十七國，申請方式包含找仲介、請語言能力好的朋友協助或是自己處理。強烈建議全部自己來處理比較妥當，畢竟有決心準備要到該國家生活了，語言的聽讀說寫還是要有一定的基礎，縱使申請程序讓人讀得頭疼，網路上還是有許多熱心的前輩分享他們的經驗和申請步驟，除了在申請完成後很有成就感，還能省下一點錢，何樂不為？

打工度假的條件

打工度假的條件會因為申請對象國家而有所不同，名額除了澳洲沒有限制外，其餘的十六國皆需要透過抽籤的方式取得資格。其中更需要注意的是年齡的問題，除了捷克限定在二十六歲以前申請外，其他國家都能夠接受到三十歲前，少數國家，例如：加拿大、匈牙利、斯洛伐克等國家，都能夠接受在三十六歲生日前抽籤申請。

哪種類型工作

工作類型有很多種，取決於您想要找哪一類型工作？成為打工度假背包客後，不一定得像大部分的澳洲背包客一樣只做勞力活，當然也是可以在城市裡找到冷氣房裡的辦公室工作，或是服務關懷機構等之類的，只是競爭力非常高，必須盡可能做好萬全準備。如果想找像是農場或是肉廠的勞力活，在臉書上有許多中文圈社團，或是知名論壇「背包客棧」上，都有可能找到工作機會及雇主聯絡方式，但是網路上的交流彷彿隔層紗，很多資訊難免不透明，所以切記提高警覺。

重要！切記！

網路詐騙猖獗，許多人會在網路社團裡分享許多看起來相當舒適的房間圖片，試圖騙取新背包客的訂金。因此在您出發前，強烈建議先入住大城市裡的背包客棧，再約時間親自看房，決定是否承租。

該準備什麼東西

求職用文件

文書類的工作可以像在台灣一樣上求職網，例如：Indeed、LinkedIn 之類的求職網應徵。除了語言是基本功外，履歷（CV 或 Resume）也是非常重要的加分工具之一。有許多公司會要求職者提供學歷證書（通常會要求翻譯成英文或其他語言）。所以在出發之前，記得去影印店輸出幾份履歷，將副本和正本一起帶出國。還有良民證也是非常重要的文件之一，記得出發之前必須備齊。

生活必備物資

生活必需品在當地的超市或是賣場都買的到，因此不需要從台灣帶過去。考量到各國電壓及插座款式不同，如果您打算攜帶電子產品，例如：電腦、平板電腦等，建議攜帶兩三個轉接頭。轉接頭只有轉換孔位用途，並無轉換電壓功能，像是吹風機等無變壓功能的電器用品不需要從台灣帶，以免發生意外。

AU
NZ
UK

CONTENTS

WORKING HOLIDAY IN AUSTRALIA

澳洲打工度假

ESCAPE AWAY FROM "REALITY"

逃離現實

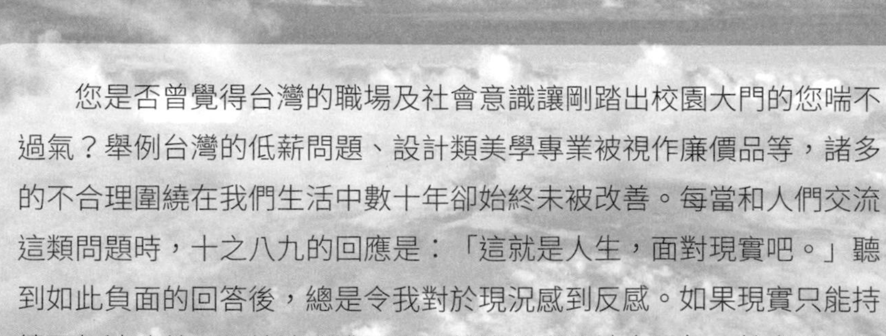

您是否曾覺得台灣的職場及社會意識讓剛踏出校園大門的您喘不過氣？舉例台灣的低薪問題、設計類美學專業被視作廉價品等，諸多的不合理圍繞在我們生活中數十年卻始終未被改善。每當和人們交流這類問題時，十之八九的回應是：「這就是人生，面對現實吧。」聽到如此負面的回答後，總是令我對於現況感到反感。如果現實只能持續而無法改善，那就讓我逃吧！脫離這萎靡的社會風氣，給自己一個機會去體驗和台灣不同的生活，改變不了社會，那就先改變自己。

二〇一七年五月的某天，宛如人生試煉的打工度假之旅準備啟程。在高雄小港機場道別雙親及外婆後，我一手拖著行李箱，另一手將背包扛上肩，登上了飛機並入座，準備前往目的地——澳洲（Australia），展開為期兩年的打工度假生活。

在飛機起飛後，機艙外的天空從白天轉為日落，緊接著又披上了夜幕，變為美麗的星空。經過幾十個小時的飛行，窗外的風景被濃厚的雲霧給遮蔽住，機長透過廣播提醒乘客們，再過十五分鐘，我們將降落在位於東澳的知名觀光城市——黃金海岸（Gold Coast）。

高雄小港機場

黃金海岸 Gold Coast

BRISBANE

布里斯本

旅程的起始點

布里斯本是澳洲昆士蘭首都，位於澳洲本土的東部，大都會區人口約兩百三十萬人，是澳洲人口第三多的城市，僅次於雪梨與墨爾本。在這座城市裡有許多藝文活動及博物館可以前往探索，像是當地的兼具博物館功能的市政廳，偶爾也可以在康瑞德賭城（Treasury Casino）旁的廣場看到許多美食攤販；去市中心逛逛當地的百貨公司；或是去市區裡的植物園散步走走等。善用關鍵字「Things to do in Brisbane」可以幫助您豐富自助觀光旅遊行程。

布里斯本青年旅館
Brisbane City YHA

抵達黃金海岸機場後，必須再轉搭乘火車才能抵達布里斯本的青年旅館（YHA）。記得那天抵達布里斯本時，天空正飄著小雨，灰濛濛的天空，把我形塑成不知道何去何從的連續劇失意男主角，走出火車站後完全不知曉青年旅館在哪個方向？手機內沒有 SIM 卡所以無法打電話或是上網查資訊，更不敢開口問路，直到後來在某個角落連接到微弱的 Wi-Fi 訊號，才解救了像是在汪洋中找尋漂浮木的我。

CULTURAL CENTRE STATION
文化中心公車站

印象中這張照片是在昆士蘭博物館旁的天橋上拍攝的，初次來到陌生的布里斯本使我對於周遭環境充滿好奇，在行李安置好後的隔天，天氣也正好放晴。於是我拎起相機在市區裡四處探索，看看和以往我所熟悉的台灣有哪些不同之處，順便拍些照片放社群和大家報平安。上面這張照片令我著迷的是建築的玻璃反射著我最喜愛的天空藍，市區環境也沒有像台灣住宅區那些凌亂的纜線交織在空中，整體看起來相當舒適，因而使我不自覺的按下了相機快門鍵。

TREASURY CASINO
康瑞德賭城

這可以說是布里斯本最有名的地標之一，在澳洲生活那段時間，凡是和曾住過昆士蘭的朋友們聊到布里斯本，他們大部分都會想到市中心這座賭城，我也曾經被拉進去這間賭場裡，但我不嗜賭的關係，所以僅在建築裡頭晃了一圈，感受賭場的氛圍和欣賞內部華麗的裝潢後，便獨自走上市區大街上四處亂晃。

康瑞德賭城
Treasury Casino and Hotel Brisbane
130 William St, Brisbane City
QLD 4000

SOUTH BANK 南岸公園

SOUTH BANK

南岸公園

在過去的一週裡，我就像是位觀光客般，帶著相機四處拍照，觀察這座城市和台灣有哪些差異，南岸公園（South Bank）是我來到布里斯本第一週，無意間發現的景點。這裡和布里斯本市中心隔著一條河，從 YHA 步行過來大概十五分鐘左右即可到達。

沿著河岸散步的感覺相當愜意，步道上有許多人來人往的群眾，我曾遇到操著大陸口音呼喊著：「後面的快跟上！」的導遊，要求脫隊的遊客快點歸隊；有帶著寵物慢跑的居民，以及遠從他鄉來澳洲求學的留學生們，每個人的膚色與種族都大不同。同一條走道上的人們用各自的母語和朋友們交談，讓這座城市充滿著多元文化的樣貌，這景象令初次來到移民國家的我感到相當的驚豔和覺得新奇。

在當地混了一整週後，我想是時候開始注意一下支出和收入的問題了，還記得當時身上只剩兩千澳幣左右，如果再不找個工作來增加收入，那積蓄燒光後似乎就剩下回台一途了。

THE FIRST JOB

第一份工作

草莓包裝手

還記得當時找第一份工作時，我曾設定一個條件，就是找離布里斯本市區近一點的地方，這樣放假的話，還可以再回到市區繼續探索。因此我在臉書的相關社團裡應徵一個草莓包裝的工作，位置在從市區搭火車大概一個多小時車程，位於北邊城鎮卡布丘（Caboolture），在那裡開始我的國外農場生活。同時，我也開始學習到超市買食材，著手自己煮食三餐。

自己的伙食自己煮。

在澳洲的第一個員工宿舍。

這是個很有趣的工作，每個人必須在有限的空間內，盡可能地將草莓塞進透明塑膠盒裡，但必須控制在規定的重量範圍內避免超重。每一條輸送帶的尾端都會有品管人員在封箱前做檢查和測量，如果重量超標或是查到爛果在包裝裡頭，就會被喊去取回重新包裝。因此想要賺得比別人多，注意力就必須非常集中。

然而，這份工作的收入並不如預期的好，薪資算法是以件計算，也就是說包多少盒就實領多少。由於我是從網路上聯絡陌生人後被引薦進來，所以他們通常都採取抽成機制，每包裝完一盒我們就被抽個幾分錢，若天氣不好的話，甚至有減班的可能性。在這收入不穩定的情況下，使我萌生尋找新工作的念頭。

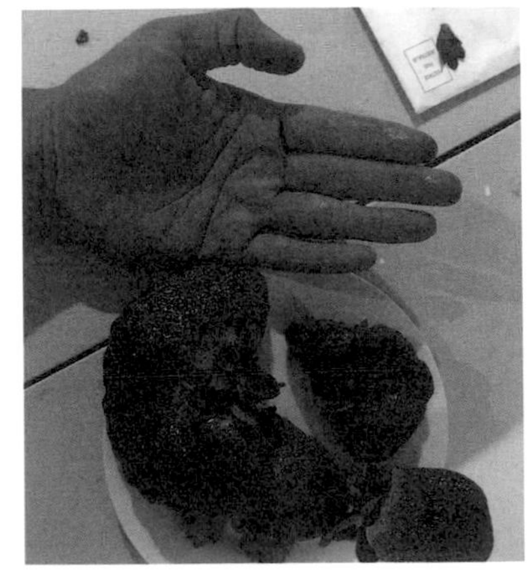

THE FIRST MOVING

第一次長途移動

從昆士蘭到新南威爾斯

工作就像是談感情，想找到理想的類型非常的不容易。與其死守這入不敷出的工作，何不如鼓起勇氣去尋找下一個更好的？在草莓廠工作的期間，我在背包客社群裡打聽到位於新南威爾斯州（New South Wales）的內陸大鎮——塔姆沃思（Tamworth）有一家肉廠的工作時數很穩定，於是我便主動和發文的仲介聯絡，詢問是否還有工作機會？

確認該廠還在招工後，我立刻和草莓廠的主管提辭職，回宿舍上網訂一張從布里斯本起飛的單程機票，整理好行李之後，我便搭火車前往布里斯本機場，飛往目的地塔姆沃思，展開澳洲生活的第一次長途移動。

抵達塔姆沃思後，仲介安排了他的合夥人韓籍司機前來機場接送，並照訊息裡所提到的幫我安排住宿。在司機抵達機場後，我將行李等家當全部都丟到後車廂後，便上車前往目的地。當時的天空已經是一片漆黑，只剩下機場外的餘暉點亮黑夜。車廂裡只有一位陌生的司機和我，這種感覺真令人感到焦慮，期待新環境給予驚喜的同時，又害怕對方可能是不懷好意的惡徒，但幸好最後什麼事都沒發生，純粹是我庸人自擾而已。

抵達宿舍並進門後，裡頭已入住了四位和我一樣從台灣來澳洲打工度假的新人們，他們也因為申請了同一家肉廠的工作而來到塔姆沃思，在命運的安排下我們在此不期而遇，一起在同個屋簷下生活。當晚，是我人生中第一次經歷零度以下的溫度，首次感受到半夜裡沒有暖氣而被凍醒的痛苦。

TAMWORTH

塔姆沃思

無盡頭般的等待

在進入肉廠工作前，每個人都必須注射過一種名叫 Q-fever 的疫苗，注射該疫苗前需要向當地有進行施打的診所預約時間，或是由廠方所雇用的人力仲介來協助員工安排施打。然而，事情永遠沒有想像中那麼順利，在塔姆沃思生活了三個多禮拜，接種完後的我們五人裡，僅有一位順利上工，其餘的人始終沒有等到工作通知。眼見銀行裡頭的儲蓄剩幾百澳幣的我，預計只能再撐一個多月，到時全都花完怎麼辦？是不是該訂機票回台灣了？

CHANCE

轉機

翻轉命運的一通來電

就在室友們和我開始計畫離開塔姆沃思另謀生路時，突然來了一通別家人力仲介公司的電話，電話裡那一方告訴我們需要可以儘快上工的人，但名額僅有兩位。經過一番討論後，大家決定先送其中一位女生和我一起過去那間工廠看看，順便探聽是否還有新職缺釋出消息。我們搭了兩個多小時的便車，來到了偏澳洲內陸的小鎮——因弗雷爾（Inverell），慶幸這次終於不需要等工，仲介說體檢完成後，隔週報到便可以正式上工。

Inverell

THE SECOND JOB

第二個工作

在正式上工後，我始終沒有忘記和前室友們的約定，自第一天下班後，我便四處問廠裡的其他部門是否還有在招人？裡頭的員工說新人的流動率很高，一直很需要人手。得到這好消息後，我便迫不及待的轉達給剛分離一週的前室友們。在大家的努力下，我們都如願的在工廠裡展開穩定的打工生活，擺脫了前幾週那段拮据的日子。

我個人非常喜歡澳洲郊區的天空，周圍除了稀疏的樹林和土地之外，完全沒有高樓建築等屏蔽物遮蔽天空，所以視野相當廣闊。每當下班後覺得疲累時，我總是喜歡坐在車上，開著車門靜坐在駕駛座上，盯著天空中往某處飄去的雲朵們，思考著我究竟為何來到澳洲？眼前的天空和台灣有何不同？以及未來方向等問題。

SYDNEY
雪梨／悉尼

邊打工邊度假

收入開始穩定後的一兩個月，我們開始肆無忌憚的開車四處小旅行，近一點的大約一兩小時車程可以抵達的小鎮和風景區，遠一點的則像是新南威爾斯州的大城市——雪梨。由於澳洲陸地真的太大了，許多地方基本上都必須開車代步，而且車程普遍約一兩個小時起跳，生活在澳洲郊區，沒有汽車代步真的非常不方便。但是如果選擇在市區周邊居住的話，就不太需要汽車，取而代之的是便捷的大眾交通工具。

第一次來到雪梨時相當的不自在，可能是當時已經習慣了小鎮的步調及生活模式，突然來到這麼繁忙的地方，感覺還真有點不習慣。

DANGER

SYDNEY OPERA HOUSE
雪梨歌劇院

繁忙的澳洲大都市

還記得曾經和某位來自台灣的背包客聊過天，內容大概關於喜歡澳洲的哪個城市？我說我喜歡布里斯本，那裡的步調生活感覺就像是在台灣南部城市一般，沒那麼急促；而雪梨市區步調則像是台北市，步調快而且交通繁忙，四處都是高樓林立。初次來到在這座大城裡，周圍的環境和市容令我大開眼界。

和在布里斯本的時候一樣，路上可以看到許多不同膚色和臉孔的移民或是當地人，讓以為澳洲只有白人的我徹底改觀。要不是親自來過一次雪梨，我還真像是人家常說的「井底之蛙」。

雪梨是澳洲最大的城市，標誌性建築為港灣旁的雪梨歌劇院(Sydney Opera House)，市區除了林立了許多高樓外，還穿插著許多歷史建築、遺跡等，市區西邊也有許多迷人的海灘，例如：邦代海灘(Bondi Beach)、布朗特海灘（Bronte Beach)、皇家植物園等。由於這是一座來自世界各地的移民大城，所以能在市區裡找到許多異國風味餐廳，也可以前往達令港（Darling Harbour）吃海鮮大餐。

市區時常舉辦許多活動，例如：展覽、音樂祭、導覽等。如果您是喜歡熱鬧的人，雪梨會是個適合您居住及探索的好地方，但是就和台灣的台北市一樣，越靠近市中心地段的房間租金就越貴，如果有預算限制的話，可以將市區外圍的房源列入參考範圍。

Queen Victoria Building
維多利亞女王大廈

這是一座相當著名的歷史建築，於一八九八年建成，並被當地人簡稱為 QVB，裡頭進駐了許多精品店、餐廳及咖啡館。

這棟大廈由建築師 George McRae 於一八九三年建造，並以羅馬建築風格賦予其面貌。這棟建築在運作二十年的過程中，歷經數次的拆除危機，後來在一九八六年它被以七千五百萬美元的成本進行修復和大翻新，才有今日的面貌並營運至今。

走進大廈裡面，可以在大廳的正上方看到右圖那座 The Great Australian Clock，時鐘裡頭藏了許多特別的巧思，每個小時整點時，會吸引訪客們前來觀賞時鐘展示共三十三個澳洲原住民和歐洲歷史淵源的場景。

維多利亞女王大廈
Queen Victoria Building
地址／455 George St, Sydney NSW 2000

酷熱的夏日聖誕節

在澳洲過聖誕節是非常特別的體驗，大部分的我們對聖誕節的認知是在寒冷的冬季，然而因為南北半球季節不同的關係，澳洲的聖誕節是在酷熱的夏季時來臨，所以人們的服飾都是清涼的夏天穿著，而不是我們印象中的長袖加保暖外衣等等。

馬丁廣場聖誕樹

Martin Place Christmas Tree

地址 ／ 1 Martin Pl, Sydney NSW 2000

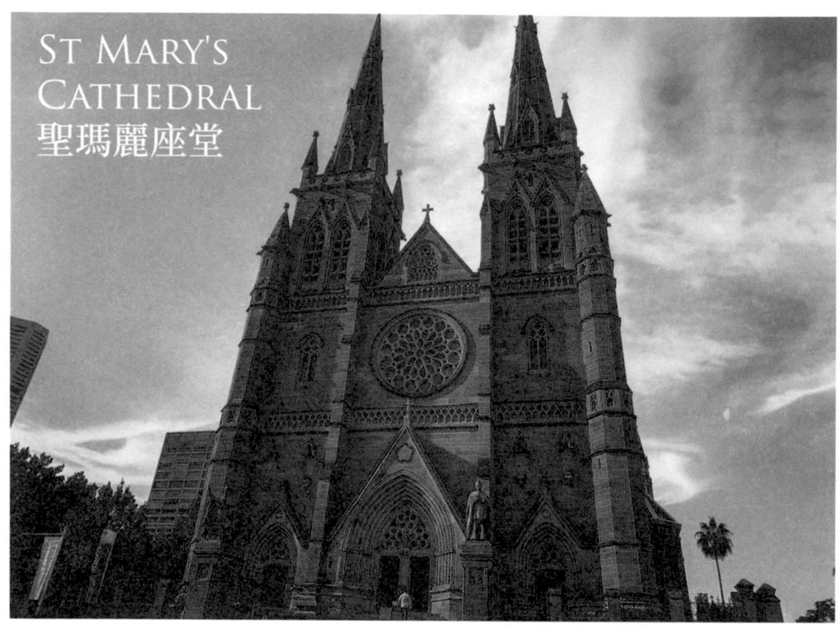

St Mary's Cathedral 聖瑪麗座堂

這座雄偉的教堂座落於澳洲第一座天主教堂的遺址上，由建築師威廉・沃德爾（William Wardell）受到大主教波爾丁（Polding）的委託，在原教堂的遺址上重新建造。教堂的設計採用於十三世紀發展起來的哥德式幾何裝飾風格，也悖離了大教堂慣用的東西朝向。教堂免費參觀，但有時候會因為居民前來禮拜而做人流管制或暫停開放。

教堂內部景觀

聖瑪麗座堂
St Mary's Cathedral
地址／St Marys Rd, Sydney NSW 2000

FORGOTTEN SONGS
鳥籠街

鳥籠街的設計初衷，是為了紀念那些因為城市的快速發展，使其瀕臨滅絕的五十隻鳥類們，目前有大約有一百二十九種源於新南威爾斯州的鳥類已被列為瀕臨絕種名單裡，因此創作家在鳥籠街的上空懸掛了許多鳥籠，透過錄音的方式紀錄多達五十隻鳥類們的聲音，再將播放器安裝在籠子裡頭，並依照鳥類們的日夜習性進行播放，因此若分別在白天和夜晚造訪鳥籠街的話，將會聽到不同的鳥叫聲。

鳥籠街 Forgotten Songs

地址／Challis House, 4-10
Martin Pl, Sydney NSW 2000

MOVING AGAIN

再一次長途移動

獨立自主的生活

在該工廠工作六個多月之後，時間也差不多快接近農曆春節了，為了回台灣和家人過年，於是我鼓起勇氣和待我還不錯的主管辭職，依依不捨的和同事們道別。回台過完年後，我再度飛回到澳洲，開著自己買的二手車，決定移動去別的省分，尋找新工作，展開新生活。

從那一刻起，接下來的旅程將是成為獨行俠的開始，行程不再被交通工具限制，無論去哪都要自己做決定，行程得自己安排、食宿得自己抉擇，生活將不再團體式的行動。做好覺悟之後，下個目的地是離布里斯本約一千七百多公里的南澳大都市——墨爾本（Melbourne）。

CANBERRA
坎培拉

這是一趟非常瘋狂的長途旅程，不休息的話大概得花費十七個多小時左右才能抵達位於維多利亞省的墨爾本，所以我將它拆分成三天的行程慢慢進行，除了防止疲勞駕駛外，也藉機慢下步伐，去欣賞路途那些瞬眼即逝的風景。出發的第一天，沿途經過了初次入境澳洲時的黃金海岸，然後跨州經過了雪梨等觀光勝地，由於當時的規劃是盡可能停留在尚未去過的地方，因此錯過深度探索雪梨與黃金海岸的機會，覺得相當可惜。

坎培拉是一座人造城市，也是澳洲的首都。「坎培拉」名字起源於當地原住民的語言，原意為「相聚的地方」，其地理位置位於新南威爾斯州和維多利亞州中間。據說是因為這兩大州最初在爭奪首都的頭銜，因此澳洲政府最後決定在兩座大州的中間規劃一座都市作為首都。在我的印象裡，這座城市的視覺感非常的現代，建築和街景外觀都相當的乾淨，但這趟移動的終點並不是這裡，也沒有多餘的時間可以留下來深度探索。所以在這養精蓄銳一個晚上後，隔天繼續往目的地前進。

澳大利亞戰爭紀念館
Australian War Memorial
地址 ／ Treloar Cres, Campbell ACT 2612

MELBOURNE
墨爾本

開了兩天的車子後，終於來到位於維多利亞州最熱門的城市——墨爾本（Melbourne）。移動到墨爾本的主因是為了申請維多利亞州南邊的某間知名羊肉場工作，根據前同事所分享的情報指出，該廠的薪資比上一家肉廠來得優渥，場內也正好在招募員工。獲得這個吸引人的情報後，便趨使我一股腦兒且直接不辭千里來到維多利亞省。

而另一個原因，則是我個人已嚮往來墨爾本這座城市許久，終於有個理由能親臨這藝術大都。在規劃這趟長途移動之前，就曾經聽過朋友們描述過墨爾本是一座充滿文藝氣息的城市，城市的外圍也有許多壯觀的景區，例如：格蘭坪國家公園、大洋路等，基於這些原因而使我覺得有必要前來一探究竟。

FLINDERS ST. RAILWAY STATION
佛林德茲街車站

TRAMS
電 車

事與願違…

但我終究還是沒有得到該間工廠的工作機會，在面試的那一天，工廠的人事部要求我們必須當場做簡易的身體健康檢查，以及靈活度測驗，避免員工在工作時發生職災。健檢開始的過程還算順遂，直到後面有個坐姿體前彎測驗恰好是我的痛點，醫師要求我彎腰下去必須摸到腳尖，不幸的是我柔軟度不足，縱使費盡九牛二虎之力，還是無法達成醫師的要求，人事部因而當場回絕我的工作申請，使我當下感受到什麼叫作「最遙遠的距離」。

SALT WATER LAKE
鹽水湖

HOSIER LANE
霍西爾巷

STATE LIBRARY VICTORIA
維多利亞州立圖書館

這座華麗的圖書館位於墨爾本市中心，成立於一八四五年，是維多利亞省最古老、全澳洲最繁忙的圖書館。來到此處的人們不僅有當地民眾與學生，還有前來朝聖名為 The La Trobe 閱覽室（右圖）的遊客們。從六樓往底下看的話，可以看到放射狀排列的長桌，頂部則是採光相當佳的圓頂天窗，整個空間視覺感相當壯觀，因此吸引許多遊客前來拍照。據說 The La Trobe 閱覽室的書架上，直至目前為止藏書約有兩百多萬冊。

維多利亞州立圖書館
State Library Victoria
地址／328 Swanston St,
Melbourne VIC 3000

THE GREAT OCEAN ROAD

大洋路

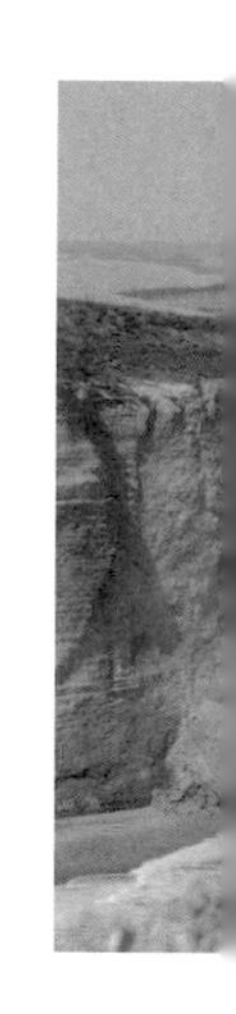

全長約兩百四十三公里的大洋路，是維多利亞州最有名的沿海公路，起點從海濱小鎮托基（Torquay）開始延伸，直到阿蘭斯福德（Allansford）。鮮少人知的是這條公路同時也是用於紀念第一次世界大戰陣亡的士兵們，並由其餘歸國的士兵們建造而成。

沿著這條美麗的西南海岸行駛的話，可以看到名為十二使徒岩（The Twelve Apostles）的岩柱聳立在海岸旁，曾為陸地一部分的它們，因為風和海浪的侵蝕，將原先的十二座巨石沖刷掉了四座，剩餘八座仍屹立不搖的站在淺灘上。

十二使徒岩觀景台
The Twelve Apostles Lookout
地址／Great Ocean Rd, Port Campbell VIC 3269

BEST PLACE I'VE EVER STAYED

待過最美的地方

第二個轉機

確定無法得到工作機會後，我意識到該地方不宜久留，否則積蓄一燒光，最後又會再度面臨得打包回台的窘境。為了防止這悲劇發生，危機意識告訴我必須盡快找下一個工作，只要工資合法的白工，無論多遠我都去。

後來想起通訊錄裡有保留一位中國籍人力仲介的聯絡方式，於是我二話不說直接和他聯絡。在確認他手上還有工作機會後，我又從僅短暫停留約三週的維多利亞省，開兩天的車，折返回到新南威爾斯州，並暫時落腳在這個美麗的秘境——Euroka。

非常慶幸此生有機會住在這麼美麗的秘境，這裡距離新的工作地點——肯普西（Kempsey）大約十五分鐘車程的距離。肯普西是個華人極少的小鎮，幾乎沒有中文的房源資訊，臨時來到這的我，完全沒有門路可以詢問哪裡有房間出租，於是只好硬著頭皮到 Facebook 的當地群組裡，用破到不行的英文，硬拼出幾句詢求房間出租的貼文。後來被一位白人老先生注意到我的訊息，他私訊邀請我去他家作客，並告訴我有個房間可以租借給我使用。收到這令人振奮的消息後，我立即打了一段非常禮貌的感謝句子，並用 Google 翻譯成英文後送出，希望他能感受到我的謝意，但由於網路上遍布多種詐騙手段，因此我仍抱持著警覺的心態，前往他提供給我的地址。沿途穿過陰森的樹林及荒野，使我覺得這似乎是一場騙局，直到車子開進這片宛如秘境的住宅區後，我瞬間明白「世外桃源」的意思。天阿！這裡也太美了吧！

KEMPSEY NEARBY BEACHES

肯普西附近的海邊

South West Rocks
地址／73 Trial Bay Gaol Access Rd, Arakoon NSW 2431

Smoky Cape 海岸旁的燈塔

說到肯普西這小鎮有哪些吸引人的特色，那就是小鎮不遠處有許多美麗的海岸，平均開車約十五至三十分左右就能抵達。如果你喜歡去海邊的話，附近有至少三個相當美麗而且一點也不擁擠的海邊可以朝聖，像是 Crescent Head、Hat Head、South West Rocks 等等。

Smoky Cape
地址／Lighthouse Rd, Arakoon NSW 2431

Crescent Head

新南威爾斯州的新月灣

Crescent Head 位於肯普西，是我最喜歡的三大海邊之一。這裡有兩個觀景點，一個在高處的 Lookout，另一個則是在露營車營地（上圖）右方凸起的地形，在這兩處皆可以看到壯觀的弧形海岸。每當工廠休假時，我總會獨自開車來到這，帶些零食坐在草地上，享受海風梳理我那許久沒梳理的頭髮，看著藍天白雲，思考著未來目標和計畫。

Lookout

Hat Head

Hat Head 也是我最喜歡的海岸之一，平日幾乎沒什麼人，假日偶爾會有年長者或是小家庭帶孩童來玩水。在這裡也可以欣賞壯觀的海岸線，有小型沙灘。天氣好的話，可以看到海水極為清澈，底部的砂石顆粒分明；運氣好的話，還能夠看到遠處有鯨魚浮出海面透氣的畫面。

這圓弧的沙灘是我的私房景點，平日和假日都沒有什麼人影，彷彿像是秘境一般。

有時候運氣好的話，甚至可以在周圍看到正在覓食的野生澳洲原住民，袋鼠群。

PORT MACQUARIE

麥覺理港

生態豐富的海港小城

麥覺理港距離肯普西大約一個小時左右的車程，和肯普西小鎮比起來，這座小城鎮更加熱鬧許多，有許多商店，例如：JB-HiFi、K-mart，以及百貨公司等應有盡有。

由於地理位置靠海，所以風光明媚的沙灘和大海都是一應俱全，假日會有附近小鎮居民前來觀光度假或逛街等，同時在岸邊也可以看到很多鳥類，例如：海鷗、鵜鶘、白鸚鵡。

埃德蒙・巴頓爵士紀念碑。

熱愛戶外活動的居民

新南威爾斯州有許多城鎮都設有露營車公園，當然麥覺理港這裡也不例外。剛好有一座營地就設在靠近海邊的人行步道旁，平日的時候人很少，通常是比較年長的民眾居多，但是一到假日就會非常熱鬧，許多親子都會來這邊度假和 BBQ；或去間隔沒幾條馬路旁的購物中心逛街；或是到附近的酒吧喝一杯。

COFFS HARBOUR

科夫斯港

科夫斯港也是新南威爾斯州相當有名的靠海大城之一，擁有迷人的海灘及港口，在這海港可以吃到新鮮的海產，以及英式傳統食物炸魚薯條（Fish & Chips）。最讓我意外的是這裡的港口沒有很重的魚腥味，周圍的環境也非常整潔，海水相當清澈，顛覆我對海港髒又臭的刻板認知，每當放假時我也常會開車前來散步。

如果您計畫來科夫斯港走走看看的話，可以前往天空橋（Forest Sky Pier）欣賞科夫斯港的港口和海岸全貌；嘴饞的話就去港口親嚐魚薯條；有時間的話也可以去當地有名的大香蕉樂園（The Big Banana Fun Park）和招牌合影。而號稱北新南威爾斯州最美的亞熱帶植物園

D 字型船舶停靠區

亞熱帶植物園

大香蕉樂園

(North Coast Regional Botanic Garden) 剛好也在科夫港這裡，在占地大約二十公頃的園區裡，欣賞熱帶雨林、日式花園、紅樹林等等。

港口邊有一條防波堤，沿著防波堤走會帶領遊客到港口旁的綠色小島——Muttonbird Island。走上去小島最高處之後，可以瞭望科夫斯港口全景，以及 D 字型的船舶停靠區，仔細的盯著海洋看，說不定有機會看到海豚或鯨魚探出頭。同時這座小島也是細嘴海燕 (Mutton Bird) 和楔尾伯勞 (wedge-tailed shearwater) 的夏季繁殖地。

HUNTER VALLEY

獵人谷

獵人谷是全澳洲最古老的的葡萄種植地區，從雪梨開車來到這大約三個小時的車程，在這邊可以觀賞到絕美的山景，路邊也很常看到野生袋鼠出沒。十月份來到這的話，可以參加熱氣球嘉年華，有機會看到二十幾顆熱氣球在天空中飄盪，當然也可以付費體驗乘坐熱氣球，飛到空中一覽獵人谷全景的樣貌。此外，當地還有個面積約十四公頃的獵人谷花園（The Hunter Valley Gardens），裡頭設有約十個以國際為主題，以及童話故事為題材的花園可以參觀。

獵人谷某知名度假村一景

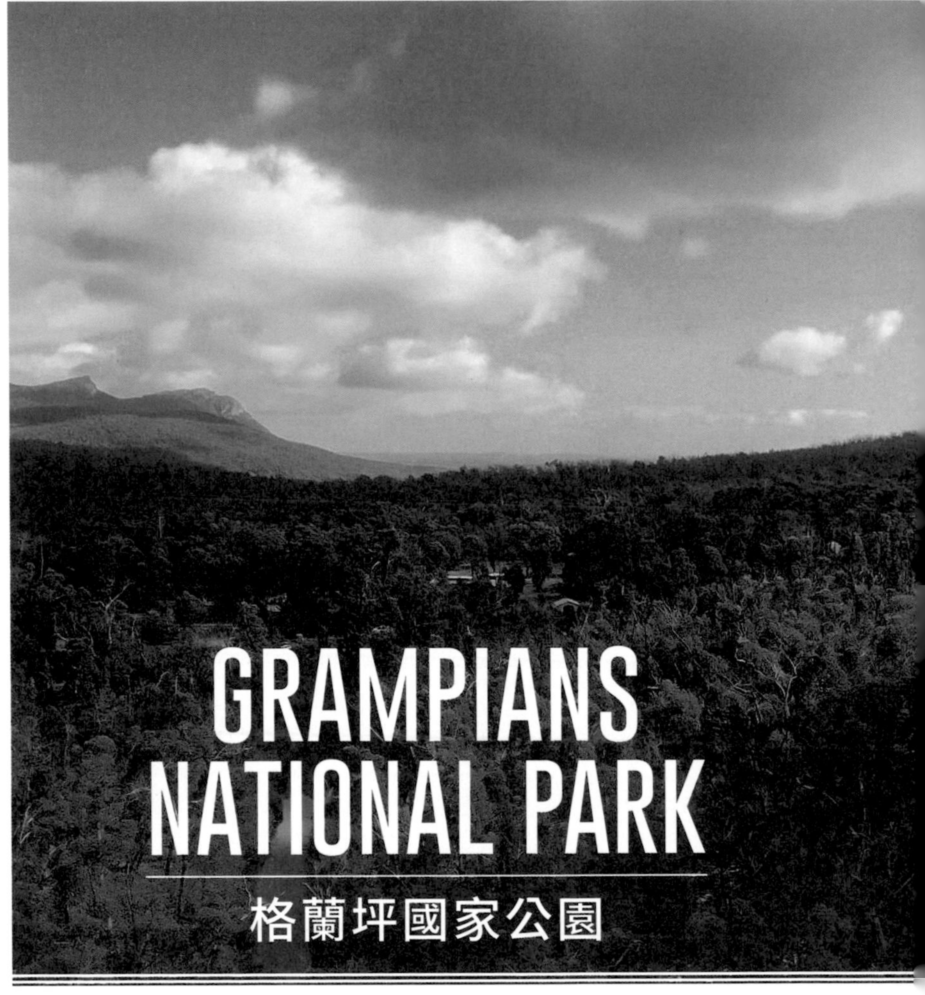

最後一趟境內探索之旅

時間過得好快，一轉眼兩年的澳洲簽證即將到期，意味著幾天後的我，將與這美麗的國家暫時道別，心裡想著兩年的時間裡還是無法將想去的每個地方都走過一遍，心裡便充滿許多遺憾。但在離開之前，有個地方我無論如何都要親自去過一趟，那裡就是座落於維多利亞省的澳洲國家遺產——格蘭坪國家公園（Grampians National Park）。

格蘭坪國家公園有另一個名字叫「加里維德國家公園」，從墨爾本來到這裡須花費三個小時的車程，裡頭遍布著多條步道，以及壯觀的瀑布，是健行和攀岩愛好者們的必訪之地。這座國家公園約一千六百七十二平方公里，所以一天之內想要踩完所有景點非常困難，因此我設定了一個目標，在離開之前至少要看到兩三座瀑布，替這趟快閃旅程留下些美好回憶。

MacKenzie Falls

Fish Falls

幸好那天運氣還不錯，在我停完車之後，第一個瀑布 MacKenzie Falls 就在距離停車場約十五分鐘步行的位置，這是我在澳洲生活兩年裡，第一次看到這麼壯觀的瀑布，光是為這座瀑布拍照，就快用掉相機記憶體一大半的空間。

抵達格蘭坪的時間是下午一點左右，意味著我沒有太多時間可以深入探索。往前走約十五分鐘後，第二個瀑布 Fish Falls 出現在我面前，但為了不在昏暗的視線下開車回墨爾本，最後只能提前離開，願未來有機會再回來。

Fish Falls

MacKenzie Falls

暫別澳洲生活

很快的，兩年的簽證一轉眼就來到了尾聲。在墨爾本逗留最後一星期後，是時候和這充滿回憶的國家說再見了。匆匆忙忙的在 BnB 打包行李，並將房間鑰匙還給屋主，手拉著那笨重的行李箱，帶著依依不捨的心情搭上火車，前往墨爾本機場，準備離開澳洲。

飛機起飛到上空後，機艙外頭的風景不禁讓我回想起初次抵達澳洲時的過往片段，和朋友們一起旅行時的歡笑聲，以及遺憾著仍有太多的旅遊聖地未能親眼去瞧一瞧，心裡則默許著未來有一天能夠再回到這片美麗的陸地，繼續去履行未完待續的那份旅遊清單。

啟程！前往紐西蘭

離開澳洲之後，下個目的地是澳洲右下方的紐西蘭，但這次不是去打工度假，而是獨自去紐西蘭展開為期十四天的自駕旅程。在這十四天的旅程裡，每一段都讓我留下相當深刻的印象，當時的季節為秋轉冬，日照時間相當短，每一天大約在五點左右太陽就下山了，很多景點最後因為沒將時間拿捏好，只好忍痛閹割行程。期待未來有機會再回來這美麗的國家進行一趟深度旅遊。

在旅程結束後，我將十四天裡所看到的每一片風景製作成共十部 Vlog 影片，影片分享於我的 YouTube 頻道【晃晃布萊恩】，歡迎前往收看，並一起加入我的「紐西蘭 14 天探索之旅 Vlog 系列之旅」。

14 DAYS SOLO TRAVEL IN NEW ZEALAND

紐西蘭十四天自駕遊

CHRISTCHURCH
基督城

十四天旅程的起始站

花了三個多小時的飛行時間，這架從墨爾本出發的班機終於在下午兩點多著陸到目的地——基督城（Christchurch）。還記得當時是五月份，恰好是紐西蘭的秋天轉冬天的季節，街道上的植物和景物襯托出秋天的氣息。在未來兩週內，我獨自租一台車作為代步工具，並展開南北島短期探索之旅。

在這邊分享一個令我印象深刻的糗事，記得當時在墨爾本機場使用自助 Check-in 機器時，有位空服員注意到我似乎不太會操作機器，於是前來協助我。當下她問了我要去哪裡？我唸了英文發音類似「克利斯徹奇」的單字，但是我將［i］音發成中文的第四聲「一 ˋ」，因此空服員不明白我指的是哪裡？於是她找來另一位同事並要我再重複一遍，而我唸了兩三次之後兩人仍然聽不出頭緒，一度以為我要去皇后鎮（Queenstown），直到我拿出手機用 Google map 指給她們看之後，她們才終於明白我的意思。正確的唸法是將［i］音發成中文的第四聲「ㄞ ˋ」音，因此音同「快斯徹奇」，而不是「克利斯徹奇」。

基督城藝術中心

The Arts Centre Te Matatiki Toi Ora.

地址／Christchurch Central City,
Christchurch 8013

這間屋子是我初次踏入紐西蘭土地後，首間在 BnB 上預定兩晚的臨時住所，地點位離市區大概僅有十五分鐘的車程。在這住宅區的周圍，房型大概都類似像這樣子（上圖），除了密集的市中心外，住宅區鮮少看到高於兩個樓層的房子。

Countdown 是紐西蘭大型連鎖生鮮超市之一，隸屬於澳洲的 Woolworth 超市的子公司，所以如果您曾去過澳洲的話，會發現那鮮明的綠色南瓜 Logo 相當的眼熟。在下飛機後，第一件事就是前往超商補足未來幾天需要的必需品。

基督城當地也有和墨爾本一樣的交通工具，電車（Tram）。這台雖沒有像墨爾本的電車一樣那麼多節車廂，但在造型和配色上卻非常獨特，配色恰好和漫威的超級英雄《鋼鐵人》非常相似，電車主要用於日常的交通運輸外，同時也有帶領乘客導覽基督城的用途。

基督學院 **Christ's College**
地址／Private Bag 4900 Rolleston Avenue, Christchurch Central City, Christchurch 8140

CHRIST'S COLLEGE 基督學院

記得當時在路上亂晃時，這所學校的外觀吸引了我的視線。建築的外觀由石塊砌成，外觀樸素，以灰白色調為主，造型相當雅緻，略微夾帶點哈利波特魔法學院風。這座學校位於市中心，於一八五〇年建成，是全紐西蘭最早的獨立學院，直至目前為止僅招收九至十三歲的男學生。

【紐西蘭 14 天探索之旅 Vlog 1】
線上觀賞 QR 碼

LAKE TEKAPO 特卡波湖

天啊！這裡根本是天堂吧！

這是一座位於南島的一個名為 Tekapo 小鎮裡的湖，整座湖占地大約八十七平方公里，從基督城開車來到這的話大概約三個小時的路程。還記得初次開車來到特卡波湖時，大概是下午一點多，當時的太陽正巧位於我的正前方，從遠處可以看到綠松石色湖泊的湖面反射著太陽光，那波光粼粼的水面令人一看就著迷，「好美啊！我的天！」這句話不禁脫口而出。

CHURCH OF THE GOOD SHEPHERD 好牧羊人教堂

好牧羊人教堂
Church of the Good Shepherd
地址／Pioneer Drive, Lake Tekapo 7999

在這非凡景色的湖岸旁，可以看到一間小型的石屋座落在湖邊，其名為好牧羊人教堂（Church of the Good Shepherd）。教堂除了禮拜的用途外，偶爾會看到有新人們在這美麗的聖地宣誓對彼此的愛。而教堂的旁邊有一座銅製牧羊犬雕像，用於表彰該地區牧羊犬們的功績。

MT. COOK
庫克山

南阿爾卑斯山的傳說

庫克山（Mt.Cook）是紐西蘭最高的山，約有三千七百二十公尺，但是攀爬的難度不高，山頂上以有大量積雪，以及巨大的塔斯曼冰川（Tasman Glacier）而著名。這座壯觀的國家公園的背後有個故事。

依據 Ngāi Tahu 傳說記載，天空之父 Rakinui 有三位兒子，分別為 Aoraki 和其他三個兄弟，某天四個人在海上航行獨木舟時，船因為觸礁而翻覆，四個人在奮力爬上獨木舟後，卻被極寒的南風給凍成冰石，獨木舟化成南島（Te Waka o Aoraki），最後 Aoraki 和他的兄弟們則化為南阿爾卑斯山的山峰，守護著紐西蘭南島。

MT. COOK 庫克山

【紐西蘭 14 天探索之旅 Vlog 3】
線上觀賞 QR 碼

ROYS PEAK

羅伊峰

遺憾未能再攻上頂端

羅伊峰是紐西蘭南島瓦納卡（Wanaka）地區非常受歡迎的健行步道之一，是我前一晚在旅館就寢前，臨時將這個行程加入清單裡。回頭想想還挺後悔沒有提早做足登山的功課，當時的我以為這座山來回大約五個小時左右就綽綽有餘，然而在真正前去爬過之後，才發現花兩個半小時竟然還沒到半山腰？！眼看當時太陽即將要下山，為了避免趕路開夜車，所以走到一半後我帶著惋惜的心情折返。每次只要開 Instagram 看到別人分享在頂峰拍的照片，心裡頭就無比的心酸。因此我發誓未來有機會的話，絕對要再去一趟紐西蘭，一定要再去挑戰一次 Roys Peak ！用雙眼見證頂峰上那鬼斧神工之美的山河風景。

此時的心裡正想著：哎，要是能早點來就好了……。

【紐西蘭 14 天探索之旅 Vlog 4】
線上觀賞 QR 碼

QUEENSTOWN

皇后鎮

皇后鎮是一座擁有壯麗風景的南島大鎮，周圍被宏偉的山壁環繞，湖水 Lake Wakatipu 相當的清澈，是南島的度假勝地之一。同時，這座大鎮也是個名聞國際的極限運動的發源地，例如：跳傘、高空彈跳、高空鞦韆等，適合喜愛刺激活動的遊客前來體驗。而喜歡慢步調活動的話，可以體驗乘船遊湖、健行、或是租借腳踏車遊鎮等等。鎮上也可以看到來自世界各地的面孔，有多種餐廳及中式雜貨超商等，所以如果不習慣吃西式餐廳，或是害怕說英文的朋友們，來到這其實不太需要擔心有溝通方面的問題。

【紐西蘭 14 天探索之旅 Vlog 6】

線上觀賞 QR 碼

SKYDIVE

跳傘

承上所說，皇后鎮是個相當著名的極限運動小鎮，其中「高空跳傘」更是個相當熱門的項目之一，在澳洲或紐西蘭打工度假的背包客們應該都耳熟能詳，而且是多數人在歸國之前幾乎都會去體驗的極限運動。慶幸在澳洲工作時，受到許多同事們的鼓舞和建議，讓從大約兩千五百英呎的高空垂降到地面後的我，感受到能夠活著是一件美好的事情，慶幸體驗過這瘋狂的活動，為我這趟紐西蘭之旅留存了難忘的記憶。

【紐西蘭 14 天探索之旅 Vlog 5】
線上觀賞 QR 碼

TE ANAU

蒂阿瑙

來到蒂阿瑙是一場意外，原本這小鎮並沒有被列在我的行程裡，原定計畫是打算在皇后鎮多待一晚，隔天早一點開車去米爾福德峽灣（Milford Sound），後來上 Google 地圖查詢來回的時間後發現，共計需約六個多小時的車程。由於不想把寶貴的時間浪費在開車，於是便放棄了這個瘋狂的計畫，決定在景區附近找住宿。因此，我才有機會和這座寧靜的小鎮譜出三天兩夜的緣分。

蒂阿瑙湖 / Lake Te Anau

蒂阿瑙旁邊有個 Lake Te Anau，是全南島最大的湖泊，也是紐西蘭第二大湖。自從抵達這裡之後，天氣一直都不是很好，前一晚 Check-in 進民宿時，外頭還下著大雨，原本打算乾脆取消前往米爾福德峽灣的行程，後來 BnB 的房東跟我說即使是雨天，米爾福德峽灣也有其魅力所在，如果我當下沒前往的話，以後就不知道何時還會再來了。聽完他這樣說後，我慢步走回房間思考了幾分鐘後，便抓起車鑰匙，準備出發前往米爾福德峽灣。

【紐西蘭 14 天探索之旅 Vlog 7】
線上觀賞 QR 碼

BLUE SPRING PUTARURU

藍泉

泉水美的太犯規！

藍泉位於紐西蘭的北島，也是我從南島搭飛機飛上去之後的第一個行程。這裡的大自然之美至今仍令我難以忘懷，有生以來首次見到天然的藍綠色泉水，而且能清楚的看到水底生態，看著水草附和著水流猶如髮絲般擺動，畫面相當的療癒。如果天氣好的話，非常建議早一點來，沿著泉水旁的步道漫步，聽著水流聲及蟲鳴鳥叫，彷彿像是遊走在仙境裡。

景區的木棧道上有貼心的防滑設計，避免行人在雨天過後的木板上行走時出意外，是個不錯的設計，但還是避免奔跑，安全第一。

藍泉 Blue Spring Putaruru
地址／Leslie Road, Putāruru 3483

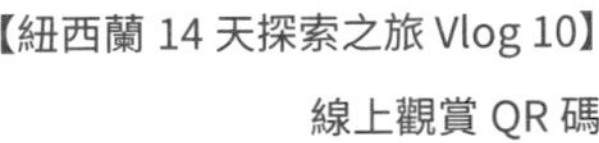

【紐西蘭 14 天探索之旅 Vlog 10】
線上觀賞 QR 碼

WAI-O-TAPU 懷奧塔普地熱世界

臭氣沖天的天然景區

在觀賞過藍泉的美之後，我繼續前往一個多小時車程的景點——懷奧塔普（Wai-O-Tapu）。這裡是紐西蘭知名的地熱世界之一，票價約三十二點五紐幣左右，園區裡可以觀賞多種不同面貌的溫泉、硫磺、間歇泉等等，也可以看到周圍有許多坑洞，相傳都是被隕石砸出來的。而園區裡的亮點之一，是位於中間的香檳池（Champagne Pool），以及諾克斯夫人間歇泉（The Lady Knox Geyser），在每日上午十點十五分左右會上演噴泉秀。可以觀賞到約十至二十米高度的噴泉。

懷奧塔普 地熱世界 Wai-O-Tapu

地址／201 Waiotapu Loop Road,
Rotorua 3073

HOBBITON MOVIE SET TOUR

哈比人村魔戒電影場景

奇特的小山丘地形

終於來到紐西蘭十四天旅程的最後一個行程——哈比人村(Hobbiton)。若您是《魔戒》電影粉絲的話，這裡將會是您來紐西蘭北島時必訪景點。由於前一晚沒做足功課，在出發前的我一直認為門票價格大約三十紐幣左右，直到我抵達售票處後才發現一張成人票要價八十九紐幣。就在我猶豫要不要花錢參加這趟行程時，天邊不遠處的烏雲逐漸往我的方向飄來，因為天氣變差的關係，我最後還是打消了買票參觀的念頭，踏上往奧克蘭機場的方向，準備回台灣。

雖然最後沒有付費進入園區，但我還是非常慶幸曾經來過這裡，至少最後那片烏雲沒有下雨，因此在回程前又花點時間停靠在路邊，下車欣賞周圍奇特的小山丘地形。周邊的地形看起來相當的可愛，彩度鮮豔到很不自然，每座小丘上可以看到許多羊群像是割草機般的啃食地上的雜草，看起來相當療癒心靈。

哈比人村魔戒電影場景
Hobbiton Movie Set Tour
地址／501 Buckland Road, Matamata 3472

在一扇門關上後，又開了一扇窗

為期約兩週的紐西蘭的旅程結束後，我從北島的大城市——奧克蘭（Auckland）搭飛機回到台灣，為我的打工度假生活及紐西蘭十四天探索之旅畫下句點。《聖經》上曾說:「當上帝關了一扇門後，必定會幫你開一扇窗。」這句話著實印證在我的身上。

時間倒轉回到二〇一九年一月的某天，剛從工廠下班後的我，回宿舍後上網看有無重要的電子郵件，郵箱開啟三秒後，跳出了一封以「TaiwanYMS2019」為主旨的郵件，點進去閱讀後，我意識到自己獲選為臺英青年交流計畫幸運兒的其中一員！在台灣，每一年僅有約一千人獲邀，第一梯抽八百人，第二梯則抽兩百人，當時的我則是在兩百人裡的其中一員，可想而知，當下的我有多興奮！

英國的簽證申請比澳洲的簽證繁複些，在線上填寫完資料之後，還得預約時間去台北的簽證中心（VFS）繳交護照，以及申請資料，

但既然抽到了這張每一年僅發放一千個名額的限量門票，縱使程序再怎麼繁複，還是得一步步去跑完申請程序。

在簽證寄到家門口後，心中僅放下了「半」顆石頭，因為還有一件重要的事情尚未完成，那就是告訴雙親我即將再次踏上為期兩年的英國打工度假之旅。如此尷尬的場景相信曾經去打工度假過的朋友們都曾經驗過，台灣部分的家庭觀過於保守，長輩們希望子女穩定在台灣發展，沒必要到國外當「台勞」。那一層保守的舊觀念同樣的深植於我父母親心中，因此我曾多次被勸阻別再出國，被要求效仿同輩的人們，找個對象論及婚嫁，生育下一代，圓他們含飴弄孫的夢。

在澳洲打工度假生活期間，獨自旅遊、探索，學習和創作的生活方式，讓我找到自己的人生目標，要是照著父母的要求去走，我將可能再度迷失自我。因此，諸如此類的「親情綁架」觀念和要求，反而更加深我開啟這趟新旅程的執著。

讓長輩們心安的理由

我相信絕大部分的長輩是因為擔心子女的安危，所以才苦口婆心的勸阻，畢竟國外的視野再怎麼寬廣，潛在的危險也一定比自己熟悉的家鄉還要多。他們對於打工度假的認知大多來自於新聞媒體，但現今的媒體為了博取大量關注，時常斷章取義的將非事實的負面資訊誇大，間接灌輸對於 3C 設備較不熟悉的長輩們，沒有求證事實習慣的他們，總是被錯誤的資訊牽著鼻子走，認為台灣以外的國家都是危險的。因此身為子女的我們能夠做的，就是訂立個明確的出國計畫，讓他們知曉旅程的動機，留下人在境外的聯絡方式，讓他們知道身為晚輩的我們有自己的目標及信念需要付諸實行，即便是在台灣以外的環境，也能夠照顧好自己。

二〇一九年八月，新的旅程從家鄉的客運站啟程，抵達台北後，和持續在聯絡的朋友們一起吃晚餐，之後便上捷運坐到桃園機場，準備搭機飛往英國中部城市——曼徹斯特（Manchester）。

WORKING HOLIDAY IN THE U.K.

英國打工度假

MANCHESTER
曼徹斯特

絕不考慮住首都

和在澳洲打工度假時一樣，我仍然不考慮將一線城市作為我的棲身之地，因此在準備出發之前，我還特地上網研究除了倫敦之外的英格蘭城市，還有哪些算是便利、且租金不貴、治安良好的地方。後來，我看到英國 Facebook 社團上有人提到「曼徹斯特」，一個身為井蛙的我從來沒聽過的城市。參考了群組裡的前輩們說房租大概便宜倫敦一半左右，於是我決定先以曼徹斯特作為起始點，先在這裡生活看看再做搬遷打算。

【封城中的四月份，英國曼徹斯特市中心街景】
線上觀賞 QR 碼

曼城教我的事

抵達曼徹斯特的第一天，天氣相當的晴朗，和我當初聽說的「雨不停國度」不一樣，後來我才明白其實是我當天運氣好，自入境英國後幾乎都沒什麼陽光，且三不五時就來一場偶陣雨。但也因為曼城時常下雨的天氣特性，讓我培養出「把握機會」這個觀念，例如天氣好的時候，想出門就快點出去，別等到陰雨天時才懊悔。簽證僅有兩年的，努力的豐富它，別再將遺憾帶回台灣。

悠閒探索曼徹斯特

有些來訪過曼徹斯特的人們會說曼城很無聊，但在這住兩年的我不這麼認為，雖然這座城市一整年裡大部分時間都是陰天或雨天，但如果幸運的碰上大晴天，將是個很適合帶著相機四處取材的好地方，例如：前往位於 Oxford Road 上的曼徹斯特大學，體驗文青的學院氣息；或是在附近公園裡頭挖掘曾經發生在曼徹斯特的歷史故事；或是在溝渠旁觀賞野生的野雁群。

冬季的曼徹斯特雪景

冬天的曼徹斯特有時候會下雪，但偶爾會有例外，像是二〇二〇那一年的冬天，完全沒有沒有雪的痕跡。但還好在二〇二一年的冬天時，老天終於賞臉下了好幾場，讓我有幸體驗到在平地看到雪景的感覺，也許這對當地的居民們而言可能是習以為常，但是對我這隻井底之蛙而言卻是個相當特別的體驗。

曼徹斯特唐人街

如果在曼徹斯特生活一陣子後，若還是無法適應西餐環境，市中心有一座全英國規模第二大的中國城（Chinatown），可以讓亞洲人們緩解一下飲食方面的思鄉情懷。在這可以找到幾家中式餐館，除此之外也有港式、越式、泰式等等，口味比老外餐館裡的亞洲餐點還道地，但價格上就偏貴許多。如果您偏愛自己下廚的話，周邊有幾家亞洲雜貨店，可以買到許多在英國連鎖超市買不到的蔬果、醬料等等的商品，自己下廚的話，將會比在外面餐廳吃省上許多。

曼徹斯特中國城 Manchester Chinatown
地址／46 Faulkner St, Manchester M1 4FH

曼徹斯特電車

曼徹斯特的大眾交通工具基本上有四種，分別為火車、電車、公車及計程車。曼城的電車特色是兩頭都是黃色，車身則是銀色。電車的車速不快，在移動時會有很大的聲響，所以很容易分辨從哪個方向駛來。如果在路上晃神或滑手機沒注意到電車靠近的話，會被電車用討人厭的聲音喇叭聲一直叭，叭——驅趕站在軌道上的路人。

艾米琳・潘克斯特 雕像

這座雕像位於曼徹斯特的 St. Peter Square 車站旁，用於紀念一位英國政治家兼英國女權運動領袖——艾米琳・潘克斯特（Emmeline Pankhurst）。她幫助英國女性贏得投票權的事蹟，曾經入選《時代》雜誌一九九九年評選的二十世紀最重要的人物。雕像的位置沒有非常顯眼，但是每當有女性受到迫害的社會事件發生時，就會看見周圍有許多民眾放置花束或蠟燭，並在雕像旁默哀祈禱的畫面。

Kimpton Clocktower Hotel 金普敦鐘塔酒店

金普敦鐘塔酒店
Kimpton Clocktower Hotel
地址 ／ Oxford St, Manchester M60 7HA

這座氣派的紅磚赤陶鐘樓建築，對我而言它也屬於曼徹斯特標誌性建築之一。當您搭火車來到曼徹斯特，並在 Oxford Station 下車後，走出車站便會看到這座壯麗的鐘樓出現在您眼前。這座鐘樓並不是公家機關辦公室或博物館之類的，而是當地有名的金普敦鐘塔酒店（Kimpton Clocktower Hotel）。

在一九九六年，Richard Newman 斥資七百萬英鎊將這座建築改建為酒店，並命名為 Palace Hotel，而在二〇一六年的十一月，擁有該酒店經營權的 Principal Hotel Company 決定將旗下所有酒店以公司名稱來命名，這座酒店因而被改名為 The Principal Manchester。

二〇一八年的五月，酒店再度被出售給 Inter Continental 酒店集團，並計畫在二〇二〇年的二月時將其更名為 Kimpton Clocktower Hotel 作為該公司的旗下品牌，然而在同一年四月卻遇上新冠病毒（COVID-19）大流行，因應政府開始實施封城，酒店被迫暫停營業，直到同年十月起才以 Kimpton 的名字重新開張。

LONDON

倫敦

超級繁忙的英國首都

說到英國的城市，大家第一想到的應該就只有倫敦吧？其實在來英國之前，我除了倫敦之外，也不清楚英國還有哪些城市？且來到英國後，活動範圍幾乎都在曼城周圍，所以我對曼徹斯特的了解反而比倫敦來的多。

二〇二〇年初，工作了一陣子後的我，利用難得的兩天連休從曼徹斯特搭車到倫敦，初次抵達倫敦的我，像小孩子進入遊樂場般的興奮！對市區的景物感到好奇，但也覺得道路上的車流量讓這座城市變得相當擁擠。

在快閃一日遊結束後，我計畫改天有時間再回來玩，然而二〇二〇年四月時，新冠病毒（COVID-19）流行到英國，政府為了抑制疫情失控而實施封城，限制了許多非必要的旅行計畫。以為很快就能在再來倫敦玩的我，無奈只能將計畫延到二〇二一年七月微解封後，才如願再次前往。

REGENT STREET VIEW 攝政街景

LONDON EYE 倫敦眼

倫敦眼有另一個名字叫千禧之輪，曾經是全世界最大的摩天輪，附近的知名景點有西敏寺、大本鐘等地。摩天輪裡總共有三十二個乘坐艙，裡面都有設置空調，搭到最頂端之後可以一覽倫敦市區全景，相當的壯觀。

WESTMINSTER ABBEY 西敏寺

西敏寺是倫敦市中心西敏市區的哥德式建築風格教堂，也是英國君主加冕登基或安葬的地方，想進去參觀須線上購票。這棟建築最吸引我的特點是它精美的細節，以及左右對稱的造型美學。

BIG BEN
大本鐘

非常可惜的是，當時的大本鐘正在維修中，難得有機會來到倫敦觀光，如此標誌性的建築仍沒機會看到它的全貌。原本預計維修至二〇二〇年，而我在二〇二一年八月再次前往時，鷹架仍然圍繞著大本鐘。

CHINA TOWN
倫敦唐人街

全英國規模最大的唐人街就在倫敦這裡。在這裡可以買到亞洲國家的食材和調味料等。如果西餐吃不習慣的人，同樣可以在這區域內找到多種亞洲風味餐廳，讓思鄉的亞洲移民或是學生們前來解解鄉愁。

WHITE HALL & HORSE GUARDS PARADE 白廳 & 騎兵衛隊閱兵場

這座氣派的白色的建築名為「騎兵衛隊總部大樓」，位於白廳（White Hall）區域裡，是白金漢宮和聖雅各宮等皇宮組成的宮殿區儀式性門樓。門樓的中間有個出入口連接白廳大道，在沒有活動舉行的時段裡可供民眾通行，面向白廳的那面的兩旁設有騎兵崗亭，平時會有騎兵站崗，並定時做交接儀式。

「白廳」一詞可以說是整個區域的代名詞，也是西敏市的騎兵衛隊總部大樓旁那條大道名，起點從特拉法加廣場向南延伸至國會廣場，區域裡為英國政府中樞的所在地，例如：國防部、內閣辦公室、閱兵場等。

白廳 & 騎兵衛隊閱兵場
White Hall & Horse Guards Parade
地址／13 Macclesfield St,
London W1D 5BR

TRAFALGAR SQUARE & THE NATIONAL GALLERY 特拉法加廣場 & 國家美術館

倫敦西敏市中，有一座特拉加法廣場(Trafalgar Square)，它是倫敦的精神指標及交通樞紐。廣場前有一座非常突出的納爾遜紀念柱，高約五十三公尺，用於紀念拿破崙戰爭中的海軍上將，頂端為將軍的銅像，底部有四隻銅獅子。每當重要節慶時，例如：聖誕節、跨年等，廣場便成為市民們同歡的場所，而有時這裡也會成為示威遊行、抗議活動的聚集地。

倫敦是藝術愛好者的理想之城，市區內有許多畫廊可供參觀，包括特拉法加廣場旁的國家美術館（The National Gallery），而且大多都是免費入場。館內蒐藏了從十三世紀到二十世紀初的西歐繪畫，例如：達文西、特納、梵谷和倫勃朗的作品等，適合藝術愛好者前來朝聖。

特拉法加廣場 & 國家美術館
Trafalgar Square & The National Gallery
地址 ／ Trafalgar Square, London WC2N 5DN

River Thames
泰晤士河

泰晤士河是南英格蘭的河流之一，以塔橋、倫敦眼，和莎士比亞環球劇場等地標而聞名。全長約為三百四十六公里，為全英格蘭最長，但全英國次長河流，同時也是全世界水上交通最為繁忙的都市河流，在英格蘭境內有著非常重要的經濟地位。其流域也形成了許多知名的城市，例如：牛津（Oxford）、雷丁（Reading）、溫莎（Windsor）等。

Tower Bridge 倫敦塔橋

來到倫敦後，當然不能錯過倫敦最具標誌性的建築——倫敦塔橋(Tower Bridge)。這座塔橋被建造於一百二十五年前，是一座橫跨泰晤士河的一座高塔式鐵橋，時常現蹤於知名新聞媒體或是歐美電影裡。橋的正中間道路，平均一年裡會打開八百多次左右，目的是為了讓船隻能夠順利通行。如果有興趣觀賞這經典的景觀，可以在倫敦塔橋的官方網站上查詢張開與關起的時間。

約克市區街景。圖片提供 / 埃里克（Eric Ma）

YORK

約克

和其他大城市比起來，約克在地圖上僅是座位於約克郡裡的小城市，但是假日來臨時它的熱門程度卻也不輸其他英格蘭大城市，許多外地遊客來訪英國，必定會將約克列為必訪的城市之一，除此之外，知名的英國約克大學 (University of York) 也座落於此。這小鎮和《哈利波特》有很深的淵源，某些系列電影橋段都是取景於約克的角落，所以在街道上可以很頻繁地看到和《哈利波特》電影相關的商品。

來到約克後，先別急著進城鎮裡，可以先去參觀圍繞於城鎮外圍的約克城牆。順著階梯走上去，可以沿途欣賞約克街道及建築，其中因《哈利波特》電影取景地而爆紅的的街道「Shambles」也隱藏在這座神秘的城鎮裡。若您是一位吃貨，更應該到城鎮內的下午茶館品嚐英式司康餅（Scones）、約克夏布丁（Yorkshire pudding）。

York City Walls
約克城牆

約克大教堂外觀。圖片提供 / 埃里克（Eric Ma）

YORK MINSTER
約克大教堂

約克大教堂
York Minster
地址 ／ York Minster,
Deangate, York, YO1 7HH

SHAMBLES
肉鋪街斜角巷

顧名思義，這裡曾是一條以販售肉類產品為主的一條街，為了將肉類的品質維持最新鮮的狀態，街上的屠夫便在房子後方設置屠宰區，並將肉品掛在商店外的肉鉤上，或放置在展示窗櫥做樣品。仔細觀察兩側的建築，會發現建築蓋的有點傾斜，據說是為了避免陽光直射櫥窗裡的肉類產品，以防止肉品腐壞。自二十世紀起，這裡已逐漸發展成觀光勝地，因此屠夫和屠宰區之形象逐漸消失於這條街，取而代之的有許多《哈利波特》紀念品店、書店，以及麵包店等。

BENDABLE & POSEABLE

Sold Here
TO LET

SHAMBLES
FOOD

EDINBURGH

愛丁堡

愛丁堡是蘇格蘭的首都，也是一座享有盛名的藝術大城，每年的八月都會在這舉辦為期三週的國際藝穗節（Edinburgh Festival Fringe）。在活動期間可以看到來自世界各地的藝術家和表演者們在街道上賣力演出，但可惜於二〇二〇年至二〇二一年期間因為疫情的關係，所以活動被強制取消，所以我沒有機會能夠目睹如此盛名的國際藝術活動。但至少慶幸曾來過愛丁堡，讓我有機會見證與英格蘭城市不同的市容風貌。

貴為蘇格蘭首都的愛丁堡，和英格蘭的倫敦有著不同的容貌，愛丁堡並不像倫敦那樣的繁忙擁擠，行走在愛丁堡街道上，彷彿就像是在歷史街景中散步一般。我曾經問過自己一個問題，如果有個機會可以重新選擇要在英國的哪個城市居住，或許我會將愛丁堡列入清單裡面。

城市的周圍被群山圍繞，如果想從高處俯瞰整片愛丁堡市容，可以往市區的高處景點前進，像是從市中心步行約二十分鐘左右，便可以抵達的卡爾頓山（Calton Hill）就是個絕佳的觀賞夕陽的高台。喜歡在街頭攝影的朋友，可以在城市內隨處取景，怎麼拍都非常好看！喜歡飲酒和美食的人，市中心藏有許多異國風味餐廳和酒吧等您去挖掘。

【愛丁堡探索之旅】
線上觀賞 QR 碼

蘇格蘭威士忌中心
The Scotch Whisky Experience
地址／The Royal Mile, 354 Castlehill, Edinburgh EH1 2NE

The Scotch Whisky Experience 蘇格蘭威士忌中心

蘇格蘭最有名的名產之一是威士忌酒，喜歡品酒的人，可以前往位於 Castlehill 路旁的蘇格蘭威士忌中心（The Scotch Whisky Experience），上官網購票體驗館內專為旅客設計的威士忌導覽，在導覽的後頭將有機會品嚐蘇格蘭四大產區所精心釀製的威士忌，還能在禮品區選購心儀的威士忌回家自飲或送禮。

在體驗完威士忌之旅後，是時候回到市區準備探索愛丁堡了。

Prince St. & Leith St. 交叉口

The Balmoral Hotel
巴爾莫勒爾酒店

WEST BOW STREET
威斯特鮑街

威斯特鮑（West Bow）是這條歷史大道的原名，起點連接 Grassmarket St.，另一邊則是連接 Victoria St.。

這條路線最初是進入愛丁堡時的主要道路，供來自愛丁堡北部、西部或西南部的遊客使用，而現在兩側經營了許多餐廳、酒吧和精品店，除了成為觀光必經之路外，也是條非常適合拍照的景點之一。

威斯特鮑街
West Bow Street
地址／Edinburgh, EH1 2HE 附近

EDINBURGH CASTLE
愛丁堡城堡

愛丁堡城堡曾是歐洲最古老的防禦工事之一，曾為皇家住所、軍事駐地、監獄和堡壘等，而現在則為愛丁堡最具標誌性的景點，也是世界著名的旅遊景點之一。這座城堡有著悠久且豐富的歷史，充滿了許多激動人心的故事。當走在城堡前方的 Castlehill 路上時，等同於正踏在士兵、國王、王后等皇家成員所留下的足跡上。

愛丁堡城堡
Edinburgh Castle
地址／Castlehill, Edinburgh EH1 2NG

GREYFRIARS BOBBY STATUE
忠犬巴比雕像

巴比是十九世紀的一隻斯凱㹴，而雕像的背後也有一段感人的故事。曾是流浪犬的他，幸運的在愛丁堡的某個餐館裡和主人約翰・格雷相遇。而在格雷離世之後，巴比十四年裡不間斷的守在主人的墓旁，直到牠於一八七二年一月十四日離世為止。

CALTON HILL
卡爾頓山

愛丁堡這有兩個高點可以一覽愛丁堡全景，分別為亞瑟王座（Arthur's Seat），以及卡爾頓山（Calton Hill）。比較容易抵達的是卡爾頓山，從舊城區的 Princes St. 往東側的方向一直走，就會有顯眼的招牌指示明確位置，往上走約五分鐘後，將可以看到納爾遜紀念塔（Nelson Monument）、國家紀念堂（National Monument of Scotland），以及位於市區方向的杜格爾德斯圖爾特紀念亭（Dugald Stewart Monument）。

卡爾頓山 Calton Hill

地址 ／ Edinburgh, EH7 5AA

風笛（Bagpipes）和蘇格蘭裙（Kilt）為經典的蘇格蘭精神指標

偶爾現身在 Castlehill 路上的街頭藝人們

SCOTTISH HIGHLANDS

蘇格蘭高地

蘇格蘭境內的風景，是繼二〇一九年去紐西蘭旅行過十四天之後，再次使我被大自然的美給震懾。紐西蘭的美，在於它擁有許多美麗的湖泊和山岳，而蘇格蘭則擁有與紐西蘭天壤之別的山岳地形，但天氣卻是典型的英國天氣，三不五時就在下雨。但也許是這樣優質的環境條件，才讓英國的土地在四季裡總能夠保持著綠意盎然的意象。在紐西蘭自駕旅行時給予我悠哉舒適的感覺，在蘇格蘭旅行時，感覺像是自己身處於歷史故事裡，穿梭在蘇格蘭景區時，似乎還能感受到可歌可泣的歷史氛圍。

GLEN COE 格倫科峽谷

【驚奇的蘇格蘭冒險故事】
線上觀賞 QR 碼

EILEAN DONAN CASTLE
艾琳多南城堡

這座古堡建於十三世紀早期，目的是用來抵禦位於蘇格蘭北部和西部群島地區的維京人。一七一九年時，已占據城堡約四十六天左右的西班牙士兵們，正等待著遠從西班牙運來的物資和武器，英國政府在聽聞到這個消息後，便派出了三艘全副武裝的護衛艦弗蘭伯勒號（The Flamborough）、伍斯特號（The

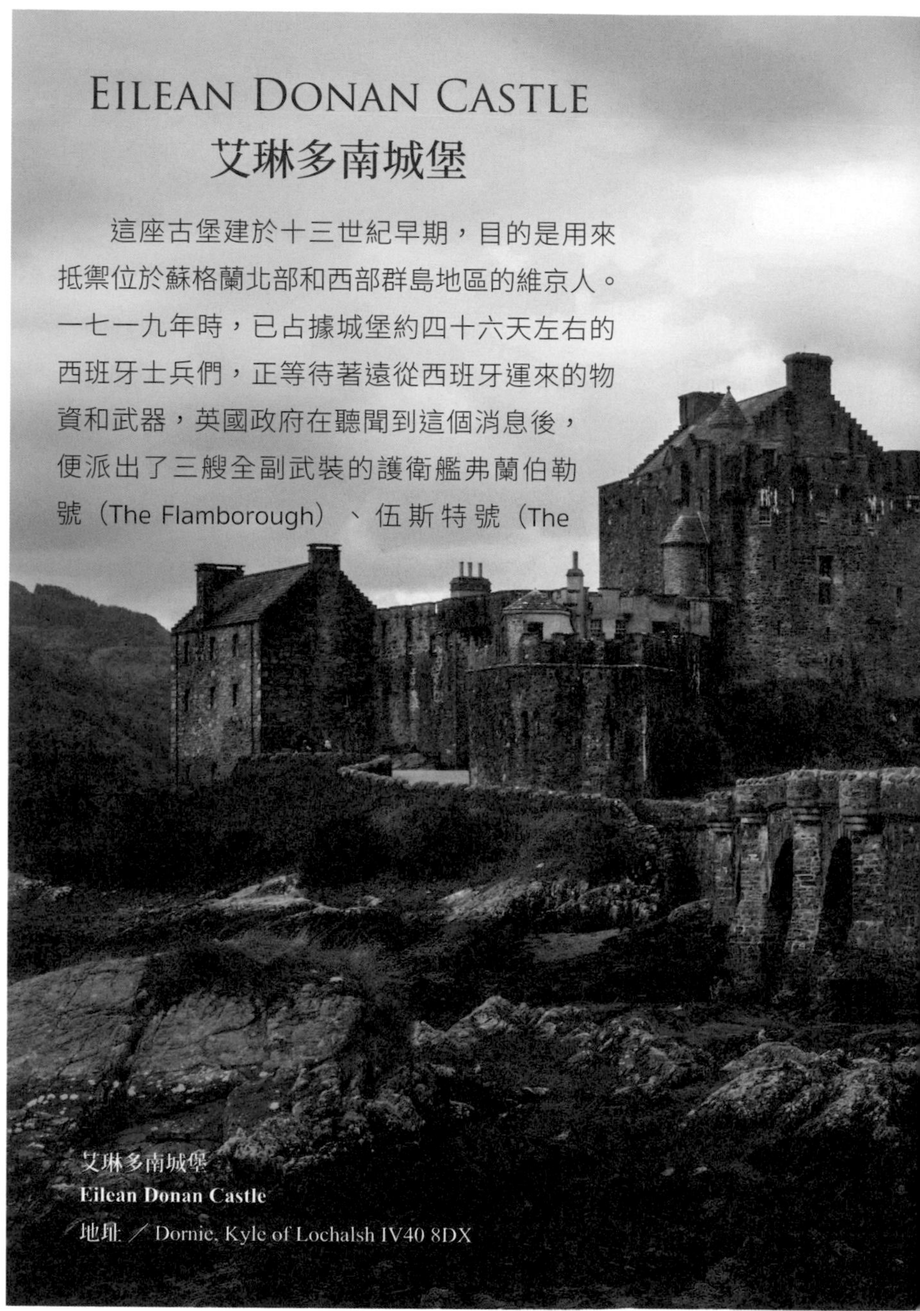

艾琳多南城堡
Eilean Donan Castle
地址／Dornie, Kyle of Lochalsh IV40 8DX

Worcester），企業號（The Enterprise），對城堡持續轟炸約三天左右，但由於城牆過於巨大，且有些牆面厚度達十四英呎，因此效果並不顯著。最後，企業號的赫德曼船長（Herdman）派士兵上岸，最後成功的壓制住西班牙士兵。

在西班牙投降後的兩百多年裡，艾琳多南城堡一直處於荒廢的狀態，直到一九一一年，約翰・麥克雷・吉爾斯特拉普（John Macrae-Gilstrap）中校買下了這座島嶼，並在後續的二十年內整修了艾琳多南城堡，使它恢復昔日的樣貌。城堡依據早期尚存的平面圖重建，試圖還原其原貌，最後於一九三二年的七月正式竣工。

GLENFINNAN VIADUCT
格倫菲南高架橋

如果您是哈利波特的影迷，這個場景一定會讓你為之興奮。在《哈利波特：消失的密室》電影裡，這座高架鐵橋便曾經出現在場景裡。鐵橋每天固定會有兩個時段能夠看到蒸氣火車行駛而過，而且必須很早就來排隊，太晚到的話就會發現很多位置都被別人捷足先登。蒸氣火車駛離的時間大概為上午 10：45 分和下午的 15：15 分左右。

格倫菲南高架橋 Glenfinnan Viaduct
地址／Glenfinnan Viaduct
A830 Rd, Glenfinnan PH37 4LT

Three Sisters 三姐妹山

三姊妹山位於格倫科大峽谷旁，最佳的觀景位置位於 A82 公路旁的觀景區，在這優美的自然景區背後卻有一段殘暴和悲傷的故事。

在一六九二年二月十三日，格倫科地區曾經發生一起駭人的家族大屠殺案件（Massacre of Glencoe），當地的知名貴族麥克唐納德一家（Clan MacDonald）曾是蘇格蘭領地裡相當有威望的家族，據說因為他們未能即時的承諾效忠新上任的君主——威廉三世和瑪麗二世，因而在暗夜裡遭軍政府滅門。毫無防範的麥克唐納德家族，有約三十幾個成員被殺害，其餘的百人帶傷逃到了格倫科峽谷躲避追緝。當時的二月份是極寒的季節，殘酷的天候無情帶走了所有逃難至此的成員們的性命。而傳聞中麥克唐納德家族裡有三位姐妹因剛好外出而逃過死劫，在得知慘案發生後，三人逃到領地的最高處，每天以淚洗面，最後化身成為三座山峰，並長年守護著格倫科地區。而又因為格倫科的天氣為陰雨天居多，彷彿是三姐妹們泣訴上天的不公，因此又有個「哭泣谷 The Glen of Weeping」的名字。

三姊妹山觀景台 Three Sisters view point

地址 ／ Ballachulish, PH50 4SE

THE STORR
老人岩

除了 The Storr 之外，老人岩也叫 Old man of storr，從遠方眺望過來，很像一位老人靜躺在地上，中間那塊巨石便是它的鼻子。如果您曾經看過麥可貝執導的《變形金剛》電影第五集，一定會對這個場景感到熟悉，這裡正是電影的取景點之一。

在第一趟蘇格蘭旅行啟程之前，我完全不知道我們會來到風景如此壯觀的地方，這裡的「美」並非遍地花草般的美，而是它周圍的地形散發出難以言喻的磅礴氣勢，尤其在上方圖片裡那座聳立的巨岩，親眼近距離目睹時有種壓迫感，非常擔心它可能會突然往某個方向傾倒，使我不得不抱持敬畏的心態來看待大自然。

在《Atlas Obscura》網站上有提到，傳說 Storr 曾是一位居住在特羅特尼山脊上的老巨人，在他安息之後，拇指的部分留在地面上，因而生成巨岩（左圖）。另外（右圖）這片風景是往老人岩方向前進時，不經意往後眺望的景色，印象中拍下這張照片的地點，是正在網上爬的路途中，雖然還沒到達目的地，但是已經可以欣賞到遠處的山形和雲海，相當的壯觀。

老人岩

The Storr

地址 ／ Portree, IV51 9HX

FORT AUGUSTUS
奧古斯都堡

奧古斯都堡這座小鎮的人口數約只有六百多人，因為座落於尼斯湖旁，因此成為前來觀賞尼斯湖面貌的觀光客們或是蘇格蘭旅遊團必會停留的小鎮。來到這小鎮，可以讓駕駛們得到充分的休息，也可以在鎮上買些食物補充體力，時間充裕的話，也可以在鎮上搭船遊湖，一起出航尋找傳說中的水怪蹤影。

座落於湖旁的招牌。

鎮內的咖啡和簡餐店，
窗戶上方印有水怪的標誌。

Loch Ness
尼斯湖

尼斯湖的傳說應該許多人都知曉，小時候的我們都曾在校園和故事書裡吸收到尼斯湖裡有一頭水怪的傳說，然而水怪的傳聞真實性始終是個謎，縱使現今已被科學家證實沒有水怪的存在，仍始終有部分民眾深信著在未知的湖底裡，可能棲息著一頭傳聞中的迷樣生物，因此水怪的謠言替圍繞在湖周圍的小鎮帶來許多觀光商機。網路上常有些傳言會調侃某種情況，說水怪只會選在觀光人潮遞減時才會刻意被民眾發現，透過新聞媒體大肆的宣傳後，再一次為周圍的小鎮帶來一筆可觀的收入。

沒有水怪的蹤跡，湖邊倒是有許多野雁。

NEIST POINT LIGHTHOUSE 內斯特角燈塔

內斯特角燈塔是蘇格蘭著名的燈塔之一，位於斯凱島（Isle of Skye）西端的格倫代爾鎮（Glendale）附近，四周的環境毫無人煙，但是可以在這裡看到許多綿羊低著頭吃著草，以及遍地都是牠們的粒狀排泄物。這個景點對我而言，最獨特的是那懸崖峭壁景觀，從停車場的位置望過去的話，看不到背後那一座米白色的燈塔，往右方（右圖）前進才能見到燈塔的蹤跡。據說這座燈塔目前是無人的狀態，但是燈塔本身的功用還在。根據天空島網站上的形容，如果旅客幸運地在天氣好時來到此地點，將可以看到非常壯麗的日落美景，因此這個景點總吸引許多風景攝影師前來此地取景。

內斯特角燈塔

Neist point lighthouse

地址／Isle of Skye IV55 8WU

BEN NEVIS
本尼維斯山

直到挑戰過這座山後，我才意識到本尼維斯山竟是全英國最高的山，海拔約一千三百四十六公尺。這座山據說約五至八個小時就能完成一趟來回，天真的旅伴們和我以為只要八個小時，我們就可以走完全程，所以當天我們便從中午十二點半開始走。

五個小時過後，我們連一半的路程都還沒走完，光是第一個上坡路段就讓我們氣喘吁吁，直到下午六點我們才開始走那一條看起來壯觀但是又很危險的山脊（右圖）。

這條險峻的山脊花了我們大概兩個多小時才走完，沿路鬆散的巨石令人走得心驚膽顫，深怕一失神就會發生意外。

在山脊路段結束後，最後一個關卡是非常陡峭的巨岩山壁，在我們爬到山頂時，時間已經是晚上九點半，也正好是太陽即將下山的時刻，我們因而欣賞到超級美麗的雲海及夕陽，之後便匆忙地趕快下山。這趟行程總共花了約十二個小時才完成，並在大約晚間十二點左右抵達山腳，回到旅館時已經凌晨一點半。

BEN NEVIS RIDGE
本尼維斯山脊

THE CAIRNGORM REINDEER HERD
凱恩戈姆馴鹿群

這趟行程或許是我在蘇格蘭的旅程中所體驗到最有趣的活動，還記得活動開始之前，我以為我們將要觀賞的是隱身於樹林間的野生馴鹿。導覽員在指定地點將已報名的遊客們集合後，跟我們保證如果沒看到馴鹿的話，將可以全額退費，接著便帶領我們走了幾十分鐘的林間小路。

沿著地上的木棧道行走，眾人們來到了一處非常遼闊的草原，在草原上我們看到遠處站著一頭頂著大角的馴鹿，導覽員為聽眾們講解當地馴鹿的生態，並帶領我們繼續往前走，走沒幾步路之後，我們注意到背後似乎有腳蹄踩在木棧道上的聲音，回頭一看，發現有數十隻馴鹿近距離跟在隊伍後頭，那種與動物近乎零距的感覺非常的特別，導遊將大家帶到一處空曠的草原，並卸下背在肩上的飼料袋，將馴鹿群引誘到眾人面前餵食，讓馴鹿們進食時，同時與遊客互動和合照。

訂票可上「THE CAIRNGORM REINDEER HERD」網站
票價：Hill Trip 約 15~20 英鎊之間

PEAK DISTRICT

峰區國家公園

樣貌多變的峰區

峰區國家公園是我在英國生活兩年期間最常來的地方，離曼徹斯特大概只有一個多小時的火車車程，票價也不會很貴，持有火車優惠票券（Railcard）的話，來回大概只要六點五英鎊左右，因此每當假日天氣很好時，我總會找朋友一起來這散步健行，或是自己獨自來這走走散心。兩年的時光裡，我曾和許多不同的人一起造訪這美麗的國家公園，因此這裡就像一座大型記憶體一般，儲存了許多旅英的回憶。

DERWENT EDGE

Derwent Edge 是我在峰區國家公園的景點中最常去的地方，從班福德車站（Bamford Station）下車後走到這，大概需要近兩小時的時間。兩個小時聽起來似乎很遠，但是很值得一走，沿路會經過一片住宅區，欣賞視覺風格很一致的英式建築時，偶爾會聞到居民在家烘焙，從自家煙囪飄出的麵包香。之後會經過一座水庫，其名為萊迪鮑爾水庫（Ladybower Reservoir）。沿著 Google Map 的指引往 Ladybower Inn 旅館右方的小路往上走之後，便能抵達這視野遼闊的景區。

BAMFORD EDGE

Bamford Edge 和 Derwent Edge 一樣，是我到峰區必訪的第二個景點，其位置就在 Derwent Edge 隔壁而已。這個地點最大的特色，就是在最頂端拍照時，可以將萊迪鮑爾水庫作為網美照的背景，也因此讓 Bamford Edge 成為峰區相當熱門的 Instagram 打卡景點之一。平日來到這的話人潮不怎麼多，但如果是假日來的話，可能得為了站在最佳的拍照位置而排隊。在爬上最高點之前，途中會經過一處枯樹林（下圖），行走在裡頭的步道時，感覺就像是誤闖巫師森林一般的詭異和陰森。

LADYBOWER RESERVOIR
萊迪鮑爾水庫

WIN HILL

Win Hill 位置在 Bamford Edge 的網美打卡景點對面而已，和 Derwent Edge 排在一起的話就洽好形成一個三角型，中間包夾著 Ladybower 水庫。這條登山路線的特色就是有一座像是大型演奏廳的樹林，裡頭可以聽見多種悅耳的鳥鳴聲穿梭在樹林間，相當的令人放鬆。聽朋友說在英國的郊外不會遇到毒蛇猛獸，所以喜歡在森林裡散步的您，可以放心的在裡頭享受森林浴。

抵達山頂之後，可以看到非常寬廣的天空，以及美如畫的地形，這畫面總是令我對大自然的力量感到驚豔，非常難以相信這是自然生成的美景，而非人工刻意去修飾而成。

怕陽光直曬的人，或許會更鍾意走樹林步道的路線，走在樹林間看著陽光從枝縫中透光下來，同時聆聽鳥兒在樹梢之間歌唱，眼前的景色除了療癒之外，也為一天帶來美好的開始。

Mam Tor

這條路線位於 Derbyshire 裡，其名字為「母親山」的意思，原因是山的東邊常發生山崩而形成許多小山丘，山崩是因不穩定的下層頁岩引起，因此也被稱作「顫抖山」。自從來過 Mam Tor 爬過山之後，讓我發現英國的徒步山區和台灣的山區有些不同，在台灣大多數的徒步區幾乎都隱蔽在樹林裡，而英國的話，有許多山就像是 Mam Tor 那樣，沿路沒有任何樹或遮蔽物，因此可以很清晰地看到周圍的地形。

冬天的 Mam Tor 擁有著截然不同的美，在打工度假第二年的冬天，有幸受到朋友的邀約而再次前往 Mam Tor 呼吸新鮮空氣。在我們出發的當天，市區的天氣陰雨綿綿，火車到 Chinley 車站後，我們便下車往 Mam Tor 的步道方向前進。走了約半小時後，我們開始覺得天空似乎有細小的顆粒掉落在我們身上，越往前走，就越覺得顆粒掉落地更加頻繁且急促，好奇的我伸出手攔截那些顆粒物並睜大眼睛看，發現這些顆粒正是雪珠，看起來很像保麗龍碎片。過了大約半個小時後，雪珠突然像是暴雪般的瘋狂打在我們的身上，眼前的路線和景物一整片白，難以辨識出確切方向，於是過沒多久，眼前便出現了美麗的雪景（下圖）。

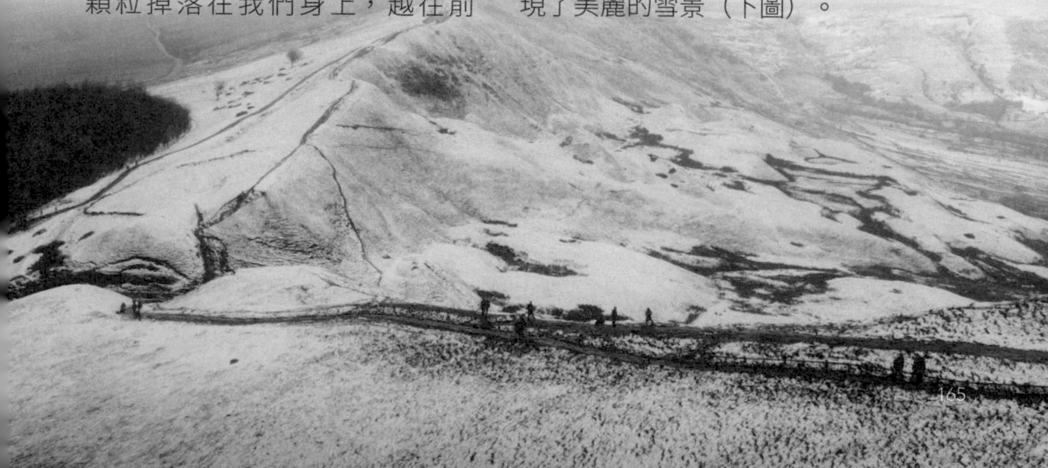

KINDER SCOUT

這個地方視野非常棒，由於當時造訪的季節是秋天，因此周圍的景色幾乎都被棕褐色給覆蓋。在整個 Kinder Scout 區域裡有幾座瀑布隱藏在裡頭，其中一座名字為 Kinder Downfall。我個人很喜歡在郊外爬山時，在大自然裡頭尋找瀑布的蹤跡。瀑布對我而言，彷彿像大自然的血液，水源從高處垂降到低處時的水花和聲響，為寧靜的大自然增添了一股活躍感。

Kinder Downfall

下圖的明確位置不詳，唯一能肯定的是它絕對是位在 Kinder Scout 步道的某個位置。這張是我第二次和不同朋友一起前往時所拍下的照片，當時的天氣正是非常典型的英國天氣，三不五時就陰天，甚至偶爾會下毛毛雨。

記得那天剛好沒上班，宅在宿舍裡超級悶，所以我就和新認識的朋友們一起來探索這個僅來過一次，但仍意猶未盡的秘境。就在我們走到了高處約海拔六百三十五公尺後，在陰雨天的加持下，幸運的看到了這幅漂亮的雲海景象。

Kinder Scout

THOR'S CAVE 索爾山洞

這個洞穴的名稱是否讓您覺得很熟悉？沒錯！正是是北歐神話中負責掌管戰爭與農業的神祇——索爾。然而索爾並不住在這個洞穴裡，除了來這健行的登山遊客和慕名而來的人們之外，裡面幾乎沒有任何生物。同時這裡也是峰區國家公園相當知名的打卡景點之一，但由於景點太過知名，因而吸引了一些有不良嗜好的遊客，有人在洞穴裡棄置不少垃圾及煙蒂，甚至裡面還聞得到類似市區常聞到的大麻味等等，非常沒公德心。

LAKE DISTRICT

湖區國家公園

湖區國家公園總面積大約為兩千三百六十二平方公里，由約四億年前的火山活動形成，並於二〇一七年時被指定為聯合國教科文組織世界遺產，是英格蘭裡最大的國家公園。而這座國家公園裡，共計約有十六座湖泊，最大的湖泊為文德米爾湖（Windermre），其中只有一座巴森斯韋特湖（Bassenthwaite）用英文的「Lake」為其命名，其餘的湖泊名字尾端大多以「Mere」或是「Water」做結尾，有些水源甚至會以「Tarn」稱呼。

湖區每一年接待約一千五百萬位遊客，每個人來到這的目的不同，較孰為人知的是前往各個知名小鎮，像是去文德米爾搭船遊湖，親子體驗水上活動，或是前去探索彼得兔的發跡地等。

PLACE FELL

PLACE FELL

Castlerigg Stone Circle

這是個位於英格蘭西北部坎布里亞的凱瑟克（Keswick）地區裡的石圈，被認為是在公元前三千年左右建造，並在一八八三年被納入監護，是英國首批被國家推薦保護的古蹟之一。有人認為這種石圈具有與行星或恆星對齊的天文意義，但是迄今為止，沒有人確切知道為何而建，正如英格蘭南部的巨石陣（Stonehenge）一樣。

HAWESWATER RESERVOIR
霍斯沃特水庫

霍斯沃特水庫（Haweswater Reservoir）是我在整座湖區國家公園內第一個造訪的景點。這座水庫位於 Mardale 山谷，為英格蘭西北部的大小城市供水。然而水庫興建的過程中充滿許多爭議，因為 Mardale 山谷裡原有兩座農村座落在裡頭，水庫的興建意味著將會淹沒農村，居民將被強迫遷離。最後當時的議會仍然批准了該建案，並由曼徹斯特公司著手興建霍斯沃特水庫，並於一九二九年動工。

WINDERMERE
文德米爾

文德米爾（Windermere）是整座湖區國家公園裡遊客最多的區域之一，這座城鎮是少數湖區裡有火車通行的城鎮，湖邊有遊艇、渡輪、小型船隻租借，或是有些遊客會在當地進行水上活動等等，同時文德米爾也是彼得兔（Peter Rabbit）的誕生地。

上圖攝於 Orrest Head Viewpoint，是一座從文德米爾車站步行大約十五分鐘左右，便可以抵達的觀景台，在天氣晴朗的條件下，可以在高處清楚的欣賞文德米爾整座湖的面貌。

SNOWDONIA

史諾多尼亞

這座山峰是全英國最高的三大峰之一，並以約一千〇八十五公尺的海拔座落在威爾斯（Wales）境內，排名全英國第二高峰。這座山峰是我簽證屆滿之前就一直很想來爬的一座山，然而因為它的周圍沒有任何交通運輸工具可以直達，除了自駕或找有車的朋友一同前往之外，似乎沒有更好的方式能來到這座宏偉的山。為了在離英前圓這個夢，我抱持一絲希望在臉書上的英國社團裡詢問是否有人有意願一同前往？幾天後幸運地湊齊了三位台灣朋友一起去探索史諾多尼亞的容貌。

這趟旅程共計三天，從曼徹斯特出發抵達威爾斯後，我和旅伴們決定第一天先挑戰史諾多山（Snowdon）。不幸的是當天的天氣非常差，尤其是越接近山頂時，雲霧就越濃厚，雨也越下越大。在用盡洪荒之力後，我們花了四個小時左右抵達了山頂，完成首次攻頂的成就，但縱使摸到了頂峰那座紀念碑，看不到周圍的風景的話，還真的毫無任何成就感可言。

路上遇到黑色蛞蝓（Slug）。

比狗還累的一天

被雲雨摧殘了一整個上午後，我們披著濕漉的身子狼狽下山，幸好在下山的路上雨勢逐漸減緩。然而接下來發生了令我們四個對這趟旅程永生難忘的插曲，我們走到最後才發現眼前的路和青年旅館的位置完全反方向，手機裡儲存的離線地圖背離了我們所計畫的路線，原先預計兩個小時左右的腳程，變成得花四個多小時才能完成。

離開山路後，時間來到下午六點多，出口處恰好有一座公車站牌，我們決定搭公車沿路回青旅，然而在站牌前等了三十多分鐘，始終沒有任何公車的蹤影，看樣子除了攔車之外，唯一的選項就是徒步回程。

徒步了三個多小時後，終於抵達青旅門口，當時已經晚上九點半，每個人面目猙獰，累得像是狗一樣。此時的我們只想好好的躺下來休息。眼前的夕陽就像是在誇獎我們完成了一件很了不起的事情般，將餘暉照在地面，讓大地充滿溫暖的橘紅色。

Rhaeadr Ewynnol Swallow Falls

Aber Falls

被昨天的迷路經驗給了上了一課之後，第二天原本打算要爬其他山的行程，被我們改為只要開車便可以抵達的自然景區，例如：Rhaeadr Ewynnol Swallow Falls、Aber Falls 之類的瀑布，順便讓疲累的身體好好休息。史諾多尼亞共計有十一座瀑布，因為每座瀑布的路程都有一大段距離的間隔，所以只能從中選擇兩三座瀑布前往。

在探索瀑布的行程結束後，時間差不多到了晚餐時間，我們回到了青年旅館用餐。印象中那時已經晚上七點多，天空卻猶如下午三、四點般的明亮，史諾多山的入口處不遠，就在青旅的正前方，我試探性的問一下旅伴們有沒有興趣再進去山裡走走？原本以為他們會說開什麼玩笑之類的，想不到他們回說：「哥如果你去的話，我們就跟！」

其中一位旅伴因有私事而無法參與，剩下三個人再一次的往主峰的方向前進。我們挑了比較平坦的路線走，沿路聊著在英國的生活經驗，邊欣賞著不同於第一天面貌的史諾多山。原先的計劃只是走個一個小時左右就回程，但走著走著就超過了一大半的路程。頂上的陽光逐漸微弱，於是我回頭問他們：「你們有打算要回去了嗎？」並追加一句：「再大約一個半小時就可以再次攻頂了喔！」說完之後三個人大笑了幾聲，彷彿是在嘲笑這個無腦提議，笑完後他們說：「走阿，我們奉陪到底！」

皇天不負苦心人

於是，三個人毅然決然的多花額外一個多小時，嘗試往史諾多山的主峰前進，天空中的陽光從金黃色逐漸暗淡成橘紅色，沿途上有許多登山客朝我們的反方向離去。約晚上九點多左右，氣喘如牛的我們三個人攀越過最後一面山壁，終於再一次的抵達了同一座山頂。

山頂上的風景和第一天的相比，可以說是天壤之別，眼前的雲霧不像那天一樣遮蔽周圍的景物，而是以雲海之姿大面積覆蓋住山腳下的景物。此時的時間已經是晚上九點左右，因為夏日的英國日照較長，所以晚間十點左右陽光才會完全消失。在雲的頂端，可以看到細微的陽光反射在上頭，且緩慢的伴隨著風飄向某一端，當下的畫面超級無敵美！望著眼前這片壯觀的風景，讓我領略到人生有一部分就像是爬山一樣，我們永遠不知道眼前的路有多麼陡峭、是否有阻礙？但只要努力不懈的往山頂前進，山頂的風景絕對會值得我們期待。

HOME SWEET HOME

歸途

時間過得真的好快，不知不覺四年的打工度假生活就這麼結束了。每一位打工度假青年們在簽證結束前需做的事情，就是為自己訂下一張回台灣的機票，何時還有機會再回來？我們自己也不知道。也許有人會打算申請個學生簽證後再回去拿個學位；有人乖乖的回到台灣認分的找個工作；有人則是想方設法留下來等等。在這趟回台航班裡的我，對未來的目標尚未有任何明確的想法，但有幾件事是我回家後必須做的：

1. 在二〇二二年結束以前出版這本書。

2. 和人們分享過去四年的國外生活經驗、風景及感受。

3. 鼓勵憧憬著去國外讀書或打工的青年，勇於實現夢想。

THINGS I'VE LEARNED
我的領悟

四年多的國外生活體驗旅程就在本頁告一段落，下一段旅行何時啟程？目前是個未知數。在本書截稿前，新冠病毒仍持續影響著全世界人們的生活，但也因為這一波疫情的發生，讓我有時間放慢腳步來和自己對話。經歷了這四年的旅程，使我體會到：

❖ **英文的重要性：**英文始終是個非常重要的技能，它能幫助我們用另類的方式去傳遞訊息，也是和世界接軌的媒介之一。許多人只因為在學習過程中受到一點挫折，便放棄學習。學英文也曾是個令我頭痛的事情，直到我發現它能幫助我看見自己在專業上的不足後，讓我更願意花時間去克服與強化它。

❖ **時間的重要性：**「時間就是金錢」這句話令我感同身受，在二〇二〇年的三月二十三日時，英國宣布第一次封城起，讓被要求在住所隔離的我，獲得了許多額外的空閒時間。在那段時間裡，我上網找了許多英文語系的攝影和修圖的學習資源，在被禁止外出的隔離期間不間斷的學習。慶幸那時候付出了許多努力，才能拍攝出這本書裡每一張美麗的照片。

❖ **分享的美德：**在經驗分享的過程中，不僅是將我們的想法散播出去，同時也會發覺到自己還有哪些需要加強的部分，聽眾們也有可能受到分享者的啟發而成長，無疑是雙贏的局面。

人生時間有限，我們永遠不知道明天是否又會有另一波疫情衝擊全球，如果您曾經想過去打工度假但又猶豫不決，除了提醒您把握時間與機會，也希望本書裡的旅外經驗能夠對您有幫助。

Skies beyond the Well 井外的天空

澳洲／紐西蘭／英國打工度假旅遊集

初　版　2022 年 06 月
定　價　新臺幣 320 元
ISBN　978-626-7096-07-9（平裝）

國家圖書館出版品預行編目（CIP）資料

Skies beyond the well井外的天空：澳洲/紐西蘭/英國打工度假旅遊集 / 黃文哲作. -- 初版. -- 臺北市：四塊玉文創有限公司, 2022.06
面；　公分
ISBN 978-626-7096-07-9（平裝）

1.CST: 遊記

719　　111004560

三友官網

三友 Line@

書　名　Skies beyond the well 井外的天空：澳洲 / 紐西蘭 / 英國打工度假旅遊集
作　者　黃文哲
美　編　黃文哲
主　編　莊旻嬑

發行人　程顯灝
總編輯　盧美娜
發行部　侯莉莉
財務部　許麗娟
印　務　許丁財
法律顧問　樸泰國際法律事務所許家華律師

藝文空間　三友藝文複合空間
地　址　106 台北市安和路 2 段 213 號 9 樓
電　話　（02）2377-1163

出版者　四塊玉文創有限公司
總代理　三友圖書有限公司
地　址　106 台北市安和路 2 段 213 號 9 樓
電　話　（02）2377-4155、（02）2377-1163
傳　真　（02）2377-4355、（02）2377-1213
E-mail　service @sanyau.com.tw
郵政劃撥　05844889 三友圖書有限公司

總經銷　大和書報圖書股份有限公司
地　址　新北市新莊區五工五路 2 號
電　話　（02）8990-2588
傳　真　（02）2299-7900